高等教育教学理论与实践研究

王海燕　胡淑珂　张巧焕　著

中国商业出版社

图书在版编目(CIP)数据

高等教育教学理论与实践研究 / 王海燕，胡淑珂，张巧焕著. -- 北京 ：中国商业出版社，2024. 6.

ISBN 978-7-5208-2974-8

Ⅰ. G642

中国国家版本馆 CIP 数据核字第 2024KE5228 号

责任编辑:管明林

中国商业出版社出版发行

（www.zgsycb.com　100053　北京广安门内报国寺 1 号）

总编室:010－63180647　编辑室:010－83114579

发行部:010－83120835/8286

新华书店经销

天津和萱印刷有限公司印刷

*

787 毫米×1092 毫米　16 开　7.25 印张　121 千字

2024 年 6 月第 1 版　2024 年 6 月第 1 次印刷

定价:45.00 元

* * * *

（如有印装质量问题可更换）

前　言

高等教育，作为培养高层次人才的主要途径，其教学理论与实践研究一直备受关注。随着社会的快速发展和科技的日新月异，高等教育面临着前所未有的挑战与机遇。因此，深入探讨高等教育教学理论与实践，对于提升教育质量、培养创新型人才具有重要意义。本书不仅是对高等教育教学领域工作的全面梳理和总结，更是对未来高等教育教学发展的展望和规划。希望本书能够引起广大高等教育工作者的关注和思考，共同推动高等教育教学的发展和创新，为培养更多高素质人才、推动社会进步作出更大的贡献。

本书从高等教育教学基本理论入手，介绍了高等教育教学的特征、功能、理论基础、目标与任务、原则，接着介绍了高等教育教学内容与课程设计、高等教育教学方法，继而又详细探讨了高等教育教学中的创新教育与创业教育，最后对高等教育教学中的综合素质教育进行了具体阐述。希望通过本书的介绍，能够为读者在高等教育教学理论与实践研究方面提供帮助。

本书主要汇集了笔者在工作、实践中取得的一些研究成果。在撰写过程中，笔者参阅了一些文献资料，在此谨向相关作者深表感谢。

由于笔者水平有限，加之时间仓促，书中难免存在一些不足之处，敬请广大读者批评指正。

作　者

2024 年 4 月

目　录

第一章　高等教育教学基本理论

第一节　高等教育概述

一、高等教育的特征

（一）传授高深学问

高等教育肩负着保存、传播和发展人类文明的重任，它所涉及的知识具有系统性、前沿性和探索性等特点。这些知识不同于基础教育阶段的常识性知识，而是建立在已有的认知基础之上、不断开拓未知领域的高深学问。

在高等教育的课堂上，教师通过对学科前沿动态的介绍、学术思想脉络的梳理以及研究方法的指导，引领学生步入高深知识殿堂。学生在专业领域的学习中，逐渐掌握本学科的基本理论、研究范式和学术规范，建构起系统完整的学科知识体系。这一过程不仅是简单的知识传授，更是学生探索未知、发现真理的思想启蒙。通过课堂讲授、学术讨论、实验操作等多种教学形式，学生的专业视野得以开阔，创新思维得以启迪。

高深知识的教授绝非单向度地灌输，而是师生与学生之间平等、开放的对话交流。在这种互动中，彼此的认识视角不断碰撞，思想火花迸发，催生出新的观点和见解。同时，高校还为教师和学生提供了广阔的学术平台，利用学术会议、学术期刊等渠道，他们可以与国内外同行切磋交流，了解学科发展的最新动向。这种跨越时空的学术对话，不断为高深知识的发展注入新的活力。

高深知识的创新是高等教育永恒的追求。在知识经济时代，原创性、突破性的学术成果是国家核心竞争力的关键所在。高校作为基础研究的主力军，肩负着知识创新的重要使命。通过设置前沿交叉学科、建设高水平创新团队、完善科研激励机制等举措，高校为师生提供了良好的学术生态，激发他们投身学术探索的热情。在科学研究的实践中，师生以高深知识为基石，以创新为驱动，砥砺前行，推动知识不断更新迭代，引领社会文明持续进步。

（二）坚持学术自由

学术自由意味着学生拥有自主探索学术问题、自由表达学术观点的权利，不受外界干预和限制。这种自由不仅是学生个人进行学术创新的内在需求，还是学术共同体繁荣发展的必要条件。

从个人层面来看，学术自由为学生提供了充分发挥才智、挑战自我的空间。在这片自由的土壤中，学生可以根据自身的学术兴趣和专业特长，自主选择研究方向，探索未知领域。这种自主性激发了学生的内生动力，推动其不断突破已有认识的局限，产生具有原创性和前瞻性的研究成果。

从学术共同体层面来看，学术自由是不同学术观点交锋碰撞、真理越辩越明的重要前提。科学的发展从来都不是一帆风顺的，它往往需要经历观点之争、范式转换的阵痛期。在这个过程中，允许和鼓励不同观点的表达至关重要。只有在平等、宽容的学术环境中，不同观点才能充分展现，学生才能摆脱思维定式的束缚，用批判的眼光审视既有理论，不断推动认识的深化和学科的进步。

当然，学术自由必须以学术规范和学术道德为前提，以理性讨论和学理为基础。学生在享有自由权利的同时，也必须恪守学术操守，以严谨、诚信、慎独的态度对待学术研究，以开放、包容、尊重的心态看待学术批评。只有在学术自由与学术规范的双重保障下，学术创新才能生生不息，学术事业才能健康发展。

（三）鼓励学术批判

高等教育要充分发挥学生的主体性，培养其独立思考、勇于质疑的能力和精神。这不仅是知识传授和能力培养的需要，还是学生个性张扬和创新潜能激发的关键。在教学过程中，教师应努力营造宽松、民主、平等的课堂氛围，鼓励学生大胆提出自己的观点和看法。借助这种方式，学生能够打破思维定式，突破认知局限，从而获得全新的认识视角和思路。

批判性思维要求学生不盲从权威，不人云亦云，而是要学会独立思考，懂得质疑和反思。在这个过程中，学生需要运用逻辑推理、论证分析等方法，客观地评价各种观点和论据，辨别其中的谬误和偏颇。只有经过深入思考和理性论辩，学生才能形成自己的见解，获得真知灼见。为此，教师要引导学生掌握批判性思维的基本方法，如演绎推理、归纳论证、类比分析等，提高其逻辑思辨能力。同时，教师还要为学生创设开展探究和讨论的平台，如组织专题研讨会、课题研究项目等，让学生在与他人的交流碰撞中锻炼思辨本领，提升论辩水平。

批判性思维的养成离不开深厚的学科素养和开阔的知识视野。只有具备扎实的学科基础，熟悉相关领域的前沿动态，学生才能站在更高的维度审视问题，提出独到见解。因此，高校要注重学生知识架构的建设，在夯实学科基础的同时，积极拓宽其知识视野。一方面，要优化课程体系设置，增设跨学科、前沿性课程，帮助学生构筑起完整的知识图谱。另一方面，要搭建学术交流平台，邀请各领域专家举办讲座，组织高水平学术会议，让学生及时了解学术前沿，开阔眼界和思路。

高校应注重培养学生的人文情怀和社会责任感。批判性思维不是为批判而批判，更不是无的放矢地怀疑，而是要以服务社会为己任。学生只有胸怀家国、心系民族，才能正确运用批判性思维，推动社会进步。为此，高校要加强价值观教育，引导学生树立正确的世界观、人生观和价值观；要开设丰富的人文素养课程，如历史、文学等，陶冶学生的道德情操，提升其精神境界；要组织学生深入社会、服务大众，在实践中增强社会责任意识，锤炼意志品质。

二、高等教育的功能

（一）培养拔尖创新人才

高校需要在人才培养理念、培养模式和培养途径等方面进行深入探索和持续创新。高校应树立精英教育理念，瞄准学术前沿和关键领域，集中优质教育资源，为拔尖创新人才的培养提供肥沃的土壤。

在培养模式上，高校要突破传统的单一培养途径，为拔尖创新人才搭建多样化的成长平台。一方面，要深化拔尖创新人才的培养，探索科教融合、产教融合的培养新模式。通过设置荣誉学位项目、特色实验班、科研训练计划等，为拔尖创新人才提供个性化、精细化的培养方案，最大限度地激发其创新潜能。另一方面，要完善拔尖创新人才的选拔和培养机制，建立动态调整、多元评价的选才标准，扩大优秀学生的选拔面。同时，要建立健全导师制、学科交叉培养等制度，为拔尖创新人才营造宽松、自由的学术环境。

高校要以前沿学科知识和创新能力培养为导向，优化课程设置，更新教学内容。课程体系要体现基础性与前沿性、宽口径与交叉性的统一，既注重学科基础知识的夯实，又要及时吸收学科最新研究成果，促进不同学科的交叉融合。同时，要广泛开设研讨课、专题课、项目课等非标准化课程形式，突出学生的主体参与，培养其批判性思维和创新性思维。在教学方法上，要大力推行启发式、探究式教学，引导学生主动发现问题、分析问题并解决问题，在知识获取与应用中提升创新能力。

拔尖创新人才的培养离不开高水平师资队伍的支撑。高校要建设一支师德高尚、学术造诣深、教书育人能力强的优秀教师队伍，需要完善教师选聘和考核机制，实行严格的准入标准和动态的绩效评价，不断提升师资队伍整体素质。同时，建立健全教师专业发展支持体系，通过教学名师工作室、教学研修项目等形式，促进优秀教师的教学经验分享和教学能力提升。高校还要积极引进和培养高层次人才，会聚一批国内外一流的学科领军人物和学术带头人，为拔尖创新人才的培养提供强有力的师资保障。

高校要注重营造有利于拔尖创新人才成长的制度环境和文化氛围。深化教育教学改革，破除制约拔尖创新人才培养的机制障碍，为其成长创造良好的制度条件。应大力弘扬科学精神和创新文化，培育追求卓越、勇于创新的优良校风学风，激励拔尖创新人才敢为人先、敢于突破。搭建高水平学术交流平台，营造开放、包容的学术生态，让拔尖创新人才在思想碰撞、观点交锋中得到启迪和提升。

（二）输送高层次人才

高校通过系统的培养和锻造，使一批具有远大理想、坚定信念、胸怀全局、具备顶层设计能力的杰出人才脱颖而出，成为推动国家发展、引领社会进步的中坚力量。

高等教育通过严格的选拔机制和教育培养过程，发掘和培养那些具有领导才能、开拓创新精神的优秀学生。这些学生在专业学习中展现出出色的领悟力和应用能力，在学生工作和社会实践中表现出出众的组织协调和决策力，在科技创新领域彰显强大的探索欲望和创造潜能。高校提供最前沿的知识积淀、最先进的科研平台、最优秀的师资力量，为他们的全面发展和施展才华提供了广阔舞台。

除了注重专业知识和能力的培养，还应注重对学生领导力、责任感、人文情怀等综合素质的塑造。利用丰富多彩的第二课堂活动和社会实践，高校引导学生树立崇高理想，勇担时代重任，锤炼过硬本领。在学生组织、志愿服务、创新创业等活动中，优秀学生展现出非凡的魅力和影响力，成长为德才兼备、全面发展的社会栋梁。

此外，高校还为优秀毕业生进入国家机关、企事业单位和科研院所等领域奠定了坚实的基础。凭借在校期间的出色表现和全面发展，他们在各自的工作岗位上表现出强烈的事业心和使命感，以饱满的热情和过人的才智投身到党和国家的伟大事业中，成为各行各业的中流砥柱。

高层次人才是国家发展的第一资源，站在新的历史起点上，高等教育要深化理念变革，完善培养机制，优化成长环境，着力构建德智体美劳全面发展的育人体系，不断提高创新型、应用型、复合型人才培养的质量，为实现中华民族伟大复兴的中国梦提供源源不断的智力支撑和人才保障。高校理应成为立德树人、培根铸魂的沃土，成为推动科学进步、引领社会发展的策源地。

（三）开展精英教育

高等学校通过设置特色项目、开设实验班等形式，为优秀学生提供个性化、高层次的教育，帮助其充分发掘潜力、实现卓越发展。

特色项目通常聚焦于前沿学科领域或交叉学科方向，为学生提供深入研究、动手实践的机会。特色项目通常通过导师指导、科研训练、学术交流等方式，培养学生的创新意识和科研能力。参加特色项目的学生可以进入导师实验室，参与前沿科研项目，并有机会在国内外学术会议上展示成果。这种“科教融合”的培养模式，有助于学生尽早进入学术共同体，积累科研经验，为未来从事高水平科学研究奠定基础。

实验班是高校因材施教、分层教学的重要尝试。与普通班级相比，实验班在生源选拔、培养方案、师资配备、教学管理等方面都有更高的要求和投入。实验班通常在教学中采用小班研讨、导师辅导等互动式方法，强调学生主动参与并进行批判性思维训练。这种培养模式有利于发掘和培养具有学术领导力的拔尖人才。

高校通过特色项目和实验班开展精英教育，不仅有利于满足优秀学生的发展需求，提升其创新能力和综合素质，还有利于形成追求卓越、鼓励创新的校园文化氛围。在这种氛围中，学生能够得到更多的发展机会和资源支持，教师也能获得更大的教学自主权和学术空间。高校的精英教育实践将为国家输送一大批具有家国情怀、全球视野、创新能力的优秀人才，为建设创新型国家提供智力支撑。

三、高等教育在现代社会中的作用

从个体发展的角度来看，高等教育是促进个人全面发展、实现自我价值的关键途径。通过系统的专业学习和综合素质培养，大学生能够掌握扎实的理论知识和专业技能，培养独立思考、勇于创新的能力，塑造健全的人格和价值观。高等教育不仅为个人的职业发展奠定了坚实基础，还为其终身学习和可持续发展提供了源源不断的动力。一个国家的高等教育质量在很大程度上决定了国民素质的高低，进而影响到整个国家的创新能力和综合国力。

从社会发展的角度来看，高等教育是支撑经济转型升级、构建现代化经济体系的关键力量。当前，我国正处于经济发展的关键阶段，迫切需要大批高水平的创新型人才来引领产业发展、推动技术进步。高等教育通过培养各行各业的专门人才，为社会主义现代化建设输送了源源不断的智力支持。高校还是基础研究和应用研究的主力军，肩负着突破关键核心技术、提升原始创新能力的重任。高校的科研成果不断转化为现实生产力，有力地促进了经济结构调整和产业转型升级。可以说，没有高等教育的支撑，就难以实现经济的高质量发展。

从文化传承的角度来看，高等教育是弘扬民族精神、传承人类文明的重要载体。高校是人类知识和文化的集中地，承载着世代相传的优秀文化基因。借助人文社科教育，高校培养了学生的文化自觉和文化自信，增强了民族凝聚力和向心力。高校还是文化交流的重要平台，能够促进不同国家、不同民族间的相互理解和认同，为构建人类命运共同体贡献了智慧和力量。在全球化时代，文化软实力日益成为综合国力竞争的关键要素，高等教育在其中扮演着不可替代的角色。

从国际竞争的角度来看，高等教育是提升国家核心竞争力、赢得发展主动权的战略支点。当今世界，科技实力、人才优势已经成为国际竞争的决定性因素。一流大学、一流学科、一流人才，是衡量一个国家综合实力的重要标志。我国要在激烈的国际竞争中赢得优势，必须大力发展高等教育，全面提升人才培养质量，增强高校的国际影响力和话语权。

第二节　高等教育教学的目标与任务

一、高等教育教学的总体目标

（一）培养高素质专门人才

在知识经济时代，社会对人才的需求日益多元化，对人才素质的要求也不断提升。高等教育必须紧跟时代步伐，不断优化人才培养模式，为社会输送德智体美劳全面发展的高素质专门人才。

1. 具备扎实的专业知识基础

专业知识是从事相关职业的基本前提，也是创新发展的重要基石。高等教育要注重学科专业建设，优化课程体系，更新教学内容，使之与经济社会发展需求相适应。在教学过程中，要引导学生系统掌握本专业的基本理论、知识和技能，建立起完整的知识体系。同时，还要重视学科交叉融合，拓宽学生知识视野，培养其多学科背景下分析和解决问题的能力。

2. 具有较强的实践应用能力

知识的价值在于应用，能力的提升在于实践。高等教育要坚持产教融合、校企合作，搭建多样化的教学实践平台。利用实习实训、项目实战等方式，训练学生运用所学知识解决实际问题的能力。在实践锻炼中，学生能够深化对理论知识的理解，提升动手操作能力，积累职业经验，为今后步入职场奠定坚实的基础。

3. 科学精神和人文素养的熏陶

科学精神是探索未知、追求真理的强大动力，人文素养是立身处世、服务社会的重要基础。高等教育既要重视学生专业素质的培养，又要注重其综合素质的提升。学校要通过丰富的校园文化活动，培育学生的家国情怀、社会责任感、人文关怀等优秀品质，引导其树立正确的世界观、人生观、价值观。同时，要重视创新创业教育，激发学生的创造潜能，培养其敢为人先、勇于开拓的进取精神。

4．教育教学理念和方法的创新

在信息技术迅猛发展的背景下，高等教育要善于运用现代教育技术，推进教育教学方式变革。坚持以学生为中心的教育理念，尊重个体差异，因材施教。在教学过程中，教师要成为学生学习的引导者和促进者，激发学生的主动性和创造性，培养其自主学习、终身学习的能力。同时，要充分发挥学生的主体作用，鼓励其参与教学设计和课堂互动，增强学习的获得感和满足感。

（二）传播科学文化知识

随着社会和科技的不断进步，高等教育传播知识的内容和方式也在不断发生变化。

1．传播最前沿、最先进的科学文化知识

当今世界，科学技术发展日新月异，新理论、新发现、新发明层出不穷。高等教育要紧跟时代步伐，及时将这些最新的科学文化成果纳入教学内容，让学生了解学科前沿动态，掌握最先进的知识和技能。这就要求高校教师要不断更新知识结构，深入研究本学科的最新进展，将科研成果转化为教学内容，满足学生成长成才的需要。

2．注重传播科学精神和人文情怀

高等教育要引导学生树立科学的世界观和方法论，培养其勇于质疑、敢于创新的批判性思维。高等教育还要重视人文社会科学知识的传播，帮助学生形成正确的价值观念、健全的人格品质。通过人文熏陶和艺术滋养，提升学生的思想境界和精神追求，塑造其高尚的情操和社会责任感。这是高等教育的核心使命所在，也是实现立德树人根本任务的必由之路。

3．创新知识传播的方式方法

随着信息技术的迅猛发展，知识获取的渠道日益多元化。高等教育要主动适应这一变化，积极利用现代教育技术手段，拓展知识传播的途径。例如，开设优质在线课程、建设虚拟仿真实验室、开发移动学习应用程序等，为学生提供更加便捷、灵活、多样的学习方式。同时，高等教育还要改进教学方法和手段，突出学生的主体地位，引导其主动探究、自主学习，提高学习的针对性和实效性。

（三）服务经济社会发展

随着经济社会的快速发展和产业结构的不断升级，高素质人才的社会需求日益增长。高等教育必须主动适应这一趋势，加快人才培养模式创新，不断提升人才培养质量，为经济社会发展源源不断地输送优秀人才。

高校要立足区域经济社会发展需求，优化学科专业布局，创新人才培养模式，提高人才培养的针对性和适应性。深入分析经济社会发展对人才的需求变化，及时调整人才培养目标和规格，加强应用型、复合型人才培养，提升学生的实践能力和创新能力。高校还要主动对接区域产业发展，加强与企业的合作，建立产学研用相结合的协同育人机制，促进人才培养与产业需求的无缝对接。

高等教育要主动服务国家重大战略需求。当前，我国正在实施创新驱动发展战略、“一带一路”倡议等，迫切需要大批高素质创新人才。高校要主动加强相关学科建设，培养具有全球视野、通晓国际规则、能够参与国际事务和国际竞争的高层次人才；瞄准世界科技前沿，加强基础研究，培养具有原创性思维和创新能力的拔尖创新人才。高校还要发挥自身优势，积极开展决策咨询，为国家重大战略实施提供智力支持。

区域经济社会的均衡协调发展离不开高等教育的有力支撑。高校要立足区域实际，发挥自身优势特色，服务区域经济社会发展。加强对区域经济社会发展的调查研究，准确把握区域发展中的瓶颈制约和关键问题，有针对性地开展人才培养和科技创新。积极融入区域创新体系建设，推动科技成果在本地转化，助力区域产业转型升级。同时，高校还要发挥人才培养基地作用，为区域输送各类急需人才，为区域经济社会可持续发展提供人才保障。

高等教育必须紧密结合经济社会发展需求，不断创新发展模式，全面提升服务经济社会发展的能力和水平。只有主动适应时代要求，高等教育才能更好地发挥人才培养、科学研究、社会服务、文化传承创新的职能，为实现国家富强、民族振兴、人民幸福作出更大贡献。

二、高等教育教学的基本任务

（一）组织实施教学

在组织实施教学的过程中，高校教师需要精心设计教学内容，优化教学方法，有效开展教学活动，真正提升教学效果，实现高等教育的育人目标。

教学内容是教学活动的基础，也是影响教学质量的关键因素。在设计教学内容时，高校教师应立足人才培养目标，遵循教育教学规律，科学规划课程体系。一方面，要根据学科前沿动态和社会发展需求，及时更新教学内容，增强课程的前瞻性和适用性。通过引入前沿理论、经典案例、实践问题等，激发学生的学习兴趣，培养其创新意识和实践能力。另一方面，高校教师要注重教学内容的系统性和逻辑性，合理安排教学模块，突出重点、难点，帮助学生构建完整的知识体系。

教学方法是提高教学效率、促进学生发展的重要手段。面对新时代大学生的特点，高校教师应积极创新教学方法，通过设计开放性问题、组织小组讨论、开展案例分析等，引导学生主动思考，积极参与，调动其学习的主动性和创造性。同时，充分运用信息技术手段，构建线上线下混合式教学环境，为学生提供丰富的学习资源和自主学习的平台。

有效开展教学活动需要教师的精心组织和悉心指导。高校教师应结合教学内容和学生特点，灵活设计教学流程，合理把控教学节奏。在教学过程中，注重师生互动、生生互动，营造民主、平等、活跃的课堂氛围。通过启发诱导、答疑解惑、及时反馈等，引导学生深化理解、消化吸收，不断提升学习效果。此外，高校教师还应该加强过程性评价，综合运用观察、提问、作业、测验等多种评价方式，客观评估学生的学习状况，并据此调整教学策略，因材施教。

（二）指导学生学习

在高等教育教学中，教师不仅要传授知识，还要引导学生合理制订学习计划，指导其科学开展学习活动。这对于培养学生的自主学习能力、提高学习效率具有重要意义。

从认知发展的角度来看，大学生已经具备了一定的抽象思维能力和元认知能力。他们能够主动思考学习目的，规划学习进程，监控学习过程，评估学习效果。因此，高校教师在指导学生学习时，应充分尊重其主体地位，激发其内在动机，培养其自我管理的意识。高校教师可以引导学生根据专业培养目标和个人发展需求，制订切实可行的学习计划。这一计划应包括明确的学习目标、合理的时间安排、有效的学习策略等内容。在计划执行过程中，高校教师要及时跟踪学生的学习进展，提供必要的指导和帮助，帮助其克服学习困难，调整学习策略。

从学科建设的角度来看，高等教育肩负着传承和创新知识的双重任务。一方面，高校教师要引导学生系统掌握本学科的基本理论、基础知识和研究方法；另一方面，高校教师还要引导学生深入探索学科前沿问题，开展创新性研究。高校教师在指导学生学习时，应注重学科思维方式和研究能力的培养。教师可以借助案例分析、专题讨论、研究项目等方式，引导学生主动思考、质疑、批判，鼓励其提出新颖的观点和创意。同时，高校教师还要指导学生科学利用图书馆、数据库、实验室等学习资源，掌握文献检索、实验操作、数据分析等基本研究方法，为其未来从事科学研究奠定基础。

从人才培养的角度来看，高等教育的根本任务是培养高素质专门人才。这不仅要求学生掌握扎实的专业知识和过硬的实践能力，还要求其具备良好的职业素养和创新精神。因此，高校教师在指导学生学习时，还应注重培养其自主学习、终身学习的意识和能力。高校教师可以引导学生主动关注行业动态，了解职业发展趋势；鼓励其参与社会实践和志愿服务，增强社会责任感；组织其开展科技创新和学科竞赛，提升创新创业能力。通过全方位、多角度的学习指导，高校教师能够帮助学生形成正确的价值观、良好的学习习惯和积极的人生态度，为其终身发展奠定坚实的基础。

第三节　高等教育教学的原则

一、科学性原则

科学性原则是指教学活动必须遵循教育规律和学生身心发展规律，以科学的态度、方法和手段组织实施教学。

科学性原则要求高校教师深入研究教学规律，把握学生认知发展特点，依据学科知识体系的逻辑结构合理设计教学内容。教学内容的选择与组织应符合大学生的认知水平和接受能力，做到由浅入深、由易到难，循序渐进地引导学生掌握科学知识。同时，教学内容还应紧跟学科前沿发展，适时补充和更新，以便拓宽学生的学术视野，激发其探索未知的热情。

在教学方法上，科学性原则强调要根据教学内容的特点和学生的实际需求，灵活运用启发式、探究式、讨论式等多种教学方式，充分调动学生学习的主动性和积极性。倡导师生之间、生生之间的平等交流与互动，营造民主、和谐的课堂氛围，使学生在主动参与、积极思考的过程中生成知识、内化知识。

科学性原则还要求高校教师加强教学反思，运用科学的教育测量和评价手段，客观评估教学效果，发现和解决教学中存在的问题。通过对教学过程的系统监控和反馈，不断优化教学设计，改进教学策略，提高教学质量和效率。

科学性原则还体现在现代信息技术与教学的深度融合上。随着互联网、大数据、人工智能等技术的飞速发展，高校教师应主动适应信息化时代的要求，合理利用信息技术手段改造传统教学模式，为学生提供个性化、智能化的学习支持服务。通过建设网络教学平台、开发数字化教学资源、创设虚拟仿真实验系统等，拓展学生的学习时间和空间，培养其自主学习、协作探究的能力。

二、系统性原则

高等教育教学作为一个系统性的过程，涉及教学目标、教学内容、教学方法、教学评价等环节。这些环节相互联系、相互作用，共同服务于人才培养的总体目标。实现高等教育的育人目标，必须遵循教学活动的内在规律，协调好各个环节之间的关系，构建起科学、系统的教学体系。

系统性原则要求教师在教学中坚持整体思维，立足人才培养目标，统筹考虑各个教学环节，使之形成有机联系、相互促进的整体。具体来说，高校教师要根据人才培养目标和学科特点，科学设计教学目标，明确学生应达到的知识、能力、素质要求。在此基础上，高校教师要合理选择和组织教学内容，既要体现学科的基本结构和内在逻辑，又要兼顾学生的认知特点和接受能力。同时，高校教师还应创新教学方法和手段，采用启发式、探究式、讨论式等教学方式，调动学生学习的主动性和积极性。教学评价作为教学过程的重要环节，也应纳入系统化设计的视野。评价内容要全面，既考查学生对知识的掌握，又考查其能力的提升和素质的养成；评价主体要多元，既有教师评价，也有学生自评和互评；评价方式要灵活，注重过程性评价与终结性评价相结合。

系统性原则的提出，源于高等教育教学的复杂性。高等教育肩负着培养高级专门人才的重任，需要学生掌握系统的专业知识、娴熟的实践技能、过硬的创新能力和良好的职业素养。这就要求教学过程必须是一个系统优化的过程，各个环节相互配合、环环相扣，最终实现“教学相长”“学学相长”的良性循环。如果各个教学环节相互割裂、缺乏衔接，就难以形成教学合力，人才培养质量也难以保证。反之，如果坚持系统观念，注重整体优化，就能够充分发挥各个教学环节的育人功能，提高人才培养的针对性和有效性。

三、实践性原则

实践性原则强调教学活动应与现实生活、社会实践紧密结合，培养学生运用所学知识解决实际问题的能力。在高等教育阶段，实践性原则的落实对于提升人才培养质量、促进经济社会发展具有重要意义。

从知识层面来看，实践性教学有助于加深学生对理论知识的理解和掌握。将抽象的概念、原理与具体的实践情境相联系，学生能够更直观、更深入地认识所学知识在现实世界中的应用，构建起系统完整的知识体系。在实践过程中，学生还能发现理论知识的局限性，学会在复杂的实际问题面前灵活运用所学知识，提升知识迁移能力。这种理论与实践的紧密结合，不仅能够激发学生的学习兴趣，还能够培养其分析问题、解决问题的关键能力。

从能力培养的角度来看，实践性教学是提升学生综合素质的有效途径。在实践活动中，学生需要运用专业知识、方法和技能解决实际问题，这对其逻辑思维、创新意识、动手能力等都提出了较高要求。通过参与各类实践项目，如专业实习、社会调查、科研训练等，学生的观察力、判断力、协作力等都能得到锻炼和提升。这些综合能力的养成，不仅有利于学生适应未来职业需求，而且成为其终身发展的宝贵财富。

从育人角度来看，实践性教学有利于引导学生树立正确的价值观念。在服务社会、奉献他人的实践过程中，学生能够深刻体会到所学知识的社会价值，感受到个人成长与国家发展、民族进步的紧密联系。这种体验不仅能够增强学生的社会责任感，激发其报效祖国、回馈社会的家国情怀，而且能引导其形成正确的世界观、人生观和价值观。

传统的高等教育往往以理论教学为主，重知识传授、轻能力培养，难以适应新时代经济社会发展对人才的要求。实践性教学强调学生的主体地位，注重学生能力的培养，有利于推动教学模式由“以教为中心”向“以学为中心”转变。同时，实践性教学也为产教融合、校企合作提供了广阔空间，有利于实现高校人才培养与经济社会发展的有效对接。

四、创新性原则

（一）创新性原则的内涵

创新性原则要求高校教师在教学过程中注重培养学生的创新意识和创新能

力，激发学生的创造性思维，引导学生勇于探索、敢于质疑，培养具有开拓进取精神的创新型人才。在知识经济时代，创新已经成为推动社会进步和国家发展的第一动力。高等教育作为培养高级专门人才的主阵地，必须把创新性原则贯穿于教学全过程，努力为国家和社会输送大批富有创新精神和创新能力的优秀人才。

创新性原则对高校教师的教学理念和教学方式提出了更高要求。高校教师要树立先进的教育思想，更新教学观念，改进教学方法，努力营造有利于学生创新能力培养的课堂氛围。在教学内容上，高校教师应紧跟学科前沿，将最新的科研成果和前沿知识及时引入课堂，拓宽学生的学术视野，启发学生的创新思维。同时，高校教师还要注重在教学过程中设置开放性问题，鼓励学生提出不同见解，培养学生勇于质疑、敢于创新的精神。在教学方法上，高校教师要摒弃单纯的知识灌输，采用启发式、探究式、讨论式等教学方法，激发学生的学习兴趣和求知欲望，引导学生主动思考、积极探索，在知识学习过程中提升创新能力。

创新性原则的实施还需要高校营造良好的创新文化氛围，构建有利于学生创新能力培养的育人环境。高校要大力弘扬创新文化，倡导“百花齐放”“百家争鸣”的学术氛围，鼓励师生勇于创新。搭建各类创新创业平台，如大学生创新创业训练计划、学科竞赛、科技创新社团等，为学生提供施展创新才能的广阔舞台。完善创新人才培养机制，在人才培养方案、课程体系、实践教学等方面进行全面改革，将创新教育融入人才培养全过程。此外，高校还要加强与企业、科研院所的合作，建立产学研用联合培养机制，让学生在实践中增长创新才干，提升创新能力。

（二）创新性教学内容设计

随着科学技术的迅猛发展和社会需求的不断变化，高校教育必须与时俱进，不断更新教学内容，引入前沿科技成果，适应时代发展的要求。传统的教学内容往往局限于教材和课堂讲授，知识更新速度较慢，难以反映学科发展的最新动态。这不仅不利于学生掌握学科前沿知识，更无法激发其创新意识和探究精神。因此，高校教师应主动跟踪学科发展，将最新的科研成果和技术应用及时纳入教学内容，拓宽学生的知识视野。

在设计创新性教学内容时，高校教师应坚持以学生发展为本，注重知识的系统性和应用性。一方面，新引入的教学内容应与已有知识体系相衔接，形成完整、系统的学科框架，帮助学生建构起扎实的理论基础。另一方面，教学内容应紧密联系实际，突出知识的应用价值，培养学生分析问题、解决问题的能力。例如，在教授新材料科学时，教师可以介绍石墨烯、纳米材料等前沿研究成果，分析其在能源、环保、医疗等领域的应用前景，引导学生探索材料科学与其他学科的交叉融合。在教授人工智能课程时，教师可以结合智能语音助手、无人驾驶、医疗诊断等实际案例，帮助学生理解人工智能技术的运作原理和应用场景，激发其创新应用的灵感。

高校教师还应重视学科交叉融合，开发体现学科最新发展的交叉课程。当前，许多重大科技突破都源于不同学科的交汇融通，跨学科人才也日益受到社会的青睐。高校应打破学科壁垒，鼓励不同学科的教师协同备课，共同开发融合新知识、新技术、新方法的交叉课程。例如，可以开设“生物信息学”课程，融合生物学、计算机科学、数学等学科知识，培养学生运用计算思维解决生命科学问题的能力。也可以开设“数字人文”课程，融合数字技术与人文学科，引导学生运用大数据、虚拟现实等技术开展人文研究和创意实践。这些交叉课程不仅能拓宽学生的知识面，更能培养其跨学科思维和创新能力。

创新性教学内容的设计还应注重前沿科技成果的引入。当今世界，新一轮科技革命和产业变革正在推动人类社会加速进入创新驱动发展的新阶段。高校作为科技创新的重要源头，应主动将最新科技成果转化为教学内容，培养学生的科技创新意识和能力。例如，在教授“大数据”课程时，教师可以介绍大数据在精准营销、智慧城市、疾病预防等领域的最新应用，分析其对经济社会发展的深远影响，引导学生思考大数据技术的发展趋势和创新方向。在教授“新能源”课程时，教师可以介绍柔性光伏电池、生物质能、核聚变发电等前沿技术，分析其在解决能源危机、应对气候变化等方面的重大潜力，激发学生投身新能源科技创新的热情。

高校只有不断更新教学内容，引入前沿科技成果，才能适应创新型人才培养的需要，推动高等教育质量的提升。这需要广大高校教师树立终身学习理念，紧跟学科前沿，深化校企合作，推进科教融合，不断探索教学内容创新的有效途径。同时，高校还应完善教学激励机制，鼓励高校教师投身教学内容创新，并将教学创新作为高校教师职称评聘、绩效考核的重要内容。唯有如此，才能营造教学内容创新的良好氛围，为创新型人才的培养提供坚实保障。

第二章　高等教育教学内容与课程设计

第一节　高等教育教学内容的选择与组织

一、高等教育教学内容的选择依据

（一）知识的逻辑顺序

学科知识体系是由基本概念、基本原理、基本方法等要素构成的有机整体，其内部存在着错综复杂的逻辑关系。这些概念、原理、方法之间既相互区别，又相互联系，共同支撑起学科的理论大厦。因此，在教学内容的组织和呈现过程中，高校教师必须深入研究学科知识体系的内在逻辑，把握其中的层次性和系统性，才能科学、合理地安排教学内容，帮助学生厘清知识之间的逻辑关系，加深对知识的理解和掌握。具体来说，遵循学科知识体系的内在逻辑选择教学内容，需要把握以下四个要点。

1. 依据学科知识的逻辑起点和归宿来确定教学内容的起始和终结

每一门学科都有其独特的逻辑起点，即学科最基本、最核心的概念或原理。这些概念或原理是学习后续知识的基础，对学生理解和掌握整个学科知识体系具有关键作用。因此，高校教师在组织教学内容时，应该从学科的逻辑起点出发，引导学生牢固树立这些基本概念，深刻理解这些核心原理。同时，学科知识体系又有其最终的归宿，即综合运用学科知识分析问题、解决问题的能力。教学内容的终结部分，应该引导学生综合运用所学知识，提高分析问题和解决问题的能力，真正实现知识向能力的转化。

2. 依据学科知识的前后关联来编排教学内容的顺序

学科知识体系中的各个要素之间，存在着前后递进、由简单到复杂的关系。后续知识的学习往往以前面知识的掌握为基础，呈现出明显的阶梯式、螺旋式上升的特点。因此，教师在编排教学内容顺序时，要充分考虑知识点之间的逻辑关联，既要避免前后知识的“断层”，又要防止不同系列知识的“交叉”。只有合理把握知识点之间的横向联系和纵向递进关系，才能帮助学生循序渐进地掌握知识，不断提升认知水平。

3. 依据学科知识的内在属性来设置教学内容的模块

学科知识体系虽然庞杂，但并非杂乱无章。学科知识可以根据其内在属性划分为若干相对独立又相互联系的模块，每个模块内部知识的关联度较高，而模块之间的关联度相对较低。高校教师在组织教学内容时，应该遵循这一特点，合理设置教学模块。在每个模块内部，强调知识的系统性、完整性，加强知识点之间的内在联系；在不同模块之间，应该注重模块间的衔接和过渡，避免知识的割裂和隔离。只有准确把握学科知识的内在属性，科学划分教学模块，才能帮助学生构建起条理清晰、结构完整的知识体系。

4. 依据学科知识的应用价值来拓展教学内容的广度和深度

学科知识绝非封闭的体系，而是开放的、与社会实践紧密相连的。学科知识的应用价值，不仅体现在对实践问题的解释力上，还体现在对未来发展的预见力和引领力上。因此，高校教师在组织教学内容时，不能局限于书本知识的传授，而应积极引导学生关注学科前沿，了解学科最新发展动态。通过扩宽学科视野、联系社会实际，引导学生体验知识生成和应用的过程，感受知识变革的前景，从而激发其求知探索的热情。唯有不断拓展教学内容的广度和深度，才能使学生获得持久的学习动力，促进其自主学习和创新能力的提升。

（二）前后知识的衔接与过渡

教学内容应当遵循知识本身的内在逻辑，形成环环相扣、层层递进的有机整体。这不仅有利于学生建立起完整、系统的知识架构，还能够激发其探索未知、把握规律的学习兴趣。

高校教师在备课阶段，应当深入研究教材，挖掘不同知识点之间的内在联系，合理设置知识链接。通过恰当的链接，教师能够帮助学生在已有认知的基础上，不断吸收、整合新的知识，构建起错综交织、相互支撑的知识网络。

高校教师应注重知识内容在难度、深度上的合理设计与过渡。授课内容应当遵循由浅入深、由易到难的基本原则，避免知识点之间的跳跃和隔阂。通过循序渐进的讲解，帮助学生突破认知障碍，实现从感性认识到理性认识、从现象描述到本质把握的飞跃。

（三）突出教学内容的系统性与完整性

教学内容是学生学习和教师教学的核心，它不仅决定了教学目标能否实现，还影响着学生知识结构的构建和能力素质的培养。因此，高校教师在备课时应深入研究教材，准确把握各章节、各知识点之间的内在逻辑关系，科学设计教学内容体系。只有保证教学内容的系统性和完整性，才能帮助学生形成完整的认知结构，掌握扎实的理论基础，为今后的学习和发展奠定坚实的基础。保证教学内容系统性与完整性需要把握以下几点。

1. 教学内容应涵盖学科核心知识

高校教师要围绕教学大纲，精选教材中的主干内容，使之覆盖学科的基本概念、基本原理和基本方法，构建起完整的知识体系。同时，要关注学科前沿动态，适度补充反映学科最新发展的内容，使教学内容既稳定又与时俱进。

2. 教学内容应体现科学的逻辑顺序

高校教师应按照知识的内在联系组织教学，由浅入深、由易到难，循序渐进地引导学生掌握知识。要注重前后知识的衔接和过渡，使教学环环相扣、层层递进，避免出现逻辑跳跃或知识断层。

3. 教学内容应兼顾广度和深度

一方面，教学内容要覆盖面广，涉及学科的各个分支和领域，帮助学生形成宽广的知识视野；另一方面，教学内容又要有一定深度，对关键问题进行深入剖析，培养学生分析问题、解决问题的能力。要在广度和深度之间把握好平衡，既不能面面俱到、浅尝辄止，也不能偏废某些内容、深入过细。

组织系统、完整的教学内容，离不开高校教师扎实的学科功底和缜密的教学设计。高校教师既要牢牢把握教材主线，又要学会拓展和延伸，将相关知识点有机融合；既要立足学科前沿，又要结合学生实际，将抽象的理论知识与生动的实践案例相结合。只有经过精心设计和不断打磨，才能使教学内容成为一个浑然天成、环环相扣的有机整体。

二、高等教育教学内容的组织

（一）构建核心知识体系

在高等教育教学中，教师需要根据课程性质、学科特点和人才培养要求，精心设计教学内容，突出重点、难点和关键问题，形成内在联系紧密、逻辑结构严谨的知识网络。这一过程不仅需要教师深入研究教材，把握学科前沿动态，还需要充分考虑学生的认知特点和学习需求，加强教学内容与实际应用的联系，增强课程的吸引力和感染力。

构建课程核心知识体系应遵循以下三个原则。一是体现学科体系的完整性。教师要立足学科发展的宏观视角，准确把握本门课程在整个学科中的地位和作用，合理划分教学模块，使各知识单元之间形成有机联系，避免出现知识的简单罗列或重复堆砌。二是突出学科发展的前沿性。在教学内容的选择上，教师要关注学科领域的最新进展和研究热点，适时补充反映学科前沿的新知识、新方法和新技术，引导学生开阔视野、把握学科动态。三是契合学生成长的阶段性。教学内容的设计要充分考虑学生的认知基础和思维特点，根据其专业发展需要提供具有针对性、启发性的学习资源，帮助学生建构起个性化的知识图谱。四是强化理论联系的实践性。要处理好理论教学与实践教学的关系，加大实践教学比重，创设贴近专业实际和社会需求的问题情境，引导学生运用所学知识分析和解决实际问题，提高知识的迁移能力和实践应用能力。

在教学实施过程中，教师还应该采取灵活多样的教学组织形式，因材施教，促进学生个性化发展。在课堂教学中，教师可以创设师生互动、生生互动的教学情境，通过启发诱导、研讨交流等方式调动学生学习的主动性，引导其积极思考、勇于质疑、敢于创新，切实提高课堂教学效率；在课外教学中，教师要充分利用信息技术手段整合优质教学资源，搭建个性化、智能化的学习平台，满足学生自主学习、深度学习的需求。

（二）建立多维度的知识关联

随着社会的不断发展和科技的日新月异，知识体系也在不断更新迭代。过去那种简单的、线性的知识结构已经无法适应时代的要求，取而代之的是一种错综复杂、相互交融的立体化知识网络。在这个背景下，如何帮助学生构建多维度的知识关联，成为教育工作者面临的重大课题。

知识从来就不是孤立存在的，它处于一个动态的、开放的系统之中。每一个知识点都与其他知识存在着或明或暗的联系，如果能够挖掘这些内在联系，就能够更深入、更全面地理解知识的本质。这就要求高校教师在教学过程中，不能只局限于单一知识点的讲解，而是要引导学生从多个角度、多个层面去思考问题，去发现不同知识之间的内在逻辑。

构建多维度知识关联，要求高校教师创新教学方式方法，为学生提供更加多元、更加立体的学习体验。传统的“填鸭式”教学模式显然已经不合时宜，高校教师应该充分利用现代信息技术手段，为学生创设探究性、开放性的学习情境。

高校教师还要注重培养学生的元认知能力，即学生对自己的认知过程、认知结果的认识和监控能力。只有学生意识到知识之间的内在联系，并能主动去建构这种联系，才能真正实现知识的内化和迁移。因此，高校教师要引导学生反思自己的学习过程，总结知识建构的规律和方法。通过这种元认知训练，学生能够掌握更加高效、更加智能的学习策略，成为真正意义上的“学习的主人”。

构建多维度的知识关联，是一项复杂而艰巨的任务，它对高校教师的专业素养和教学能力提出了更高的要求。高校教师要不断更新自己的知识结构，拓宽自己的学科视野，深入研究教育教学规律，才能真正胜任这项工作。同时，这也需要教育管理部门和社会各界的大力支持，为高校教师的专业发展创造良好的环境和条件。

只有教师、学生、学校、社会协同发力，才能真正实现知识关联的多维度构建，为学生的全面发展奠定坚实的基础。这不仅关乎每一个学生的个人成长，还关乎国家和民族的未来。

（三）注重知识的拓展与延伸

在高等教育教学过程中，高校教师不应满足于课堂上对基础知识的传授，应该引导学生突破教材的局限，主动探索相关领域的前沿动态和发展趋势。这种知识视野的拓宽不仅有助于加深学生对所学内容的理解，更能激发其学习兴趣和探究热情，培养其独立思考和创新实践的能力。

引导学生主动探索相关知识，需要高校教师在教学中为其搭建合适的平台和创设有利的条件。一方面，高校教师可以通过推荐拓展阅读材料、开设专题讲座等形式，为学生提供接触相关知识的机会和渠道。这些材料和讲座应该具有一定的前沿性和挑战性，能够开阔学生的眼界，启发其思考。另一方面，高校教师还应该鼓励学生参与科研项目、社会实践等活动，让其在实际应用中提升运用知识解决问题的综合能力。这些活动不仅能够巩固学生已有的知识基础，还能培养其发现问题、分析问题、解决问题的关键能力。

拓展与延伸知识的广度和深度，关键在于改变传统的教学模式和评价方式。长期以来，我国高校普遍存在重教轻学、重结论轻过程的现象。要扭转这一局面，教师就必须树立以学生发展为中心的教育理念，突出其学习的主体地位。在教学中，高校教师应该创设开放性的教学情境，给予学生更多自主探究的空间，鼓励其提出问题、质疑权威，形成批判性和创新性思维。同时，高校教师还应该改革传统的考试评价模式，将学生探索知识的过程和能力作为重要的考查指标，引导其树立正确的学习动机和价值取向。只有这样，学生才能真正成为学习的主人，养成主动探索知识的意识和习惯。

三、高等教育教学内容与课程目标的关联性

教学内容是实现课程目标的基础和载体，只有根据课程目标精心组织教学内容，才能确保教学活动的针对性和有效性。课程目标又是教学内容选择与组织的指南针，教学内容必须紧紧围绕课程目标展开，做到目标明确、内容充实、逻辑严密。

从知识层面来看，高等教育课程目标通常包括基础知识、专业知识和前沿知识三个方面。基础知识是学科的根基，是学生学习和理解专业知识的前提。因此，教学内容的选择必须兼顾学科基础知识的系统性、完整性和科学性，夯实学生的知识根基。专业知识是学生未来从事相关工作的核心竞争力，教学内容要紧密结合专业培养目标，突出学科专业特色，使学生掌握本专业领域的核心理论和关键技能。前沿知识代表了学科发展的最新动态和趋势，适度渗透前沿知识，有助于拓宽学生视野，激发学生的创新意识，培养其批判性和创造性思维。教学内容的选择要在基础知识、专业知识、前沿知识之间把握平衡，构建起完整、系统、富有时代特征的知识体系。

从能力层面来看，高等教育课程目标强调学生创新实践能力、批判性思维能力、沟通协作能力等关键能力的培养。教学内容必须充分体现能力导向，围绕能力目标来设计教学活动。例如，在培养学生的创新实践能力时，教学内容不能仅局限于理论知识的灌输，更要注重实践教学环节的设计，为学生提供动

手操作、设计实验、开展项目的机会。通过理论与实践的紧密结合，学生能够将所学知识内化为真实的实践能力，增强运用知识解决实际问题的技能。为了培养学生的批判性思维能力，教学内容应鼓励学生质疑、辩论、反思，引导其独立思考问题，提出自己的见解。这就要求高校教师在备课时精心设计问题情境，选取有悖常理、发人深省的素材，激发学生的探究欲望。

从情感态度和价值观层面来看，高等教育课程目标关注学生人文素养、科学精神、职业道德等综合素质的塑造。教学内容的选择要体现人文关怀，彰显学科的文化内涵和精神价值。例如，在理工科专业教学中，适当渗透科学家事迹、科技发展简史等人文内容，能够帮助学生领悟科学的人文内涵，激发他们对真理的执着追求。同时，教学内容还要注重职业价值观的引导，运用专业案例分析、职业道德讨论等方式，帮助学生树立正确的职业理想，坚定职业信念，养成良好的职业行为习惯。

高等教育课程目标还应体现时代性和前瞻性，紧跟社会发展需求和科技进步步伐。这就要求教学内容要与时俱进，及时吸收学科前沿成果，不断更新完善。教师要主动关注本学科的最新进展，密切跟踪行业发展动态，将前沿知识、热点问题适时引入课堂教学。通过解析经典文献、学术论文，组织课题研讨、学术报告等方式，引导学生了解学科发展趋势，培养其学习和研究的前瞻意识。只有不断更新教学内容，高等教育才能引领社会发展，培养适应未来需求的创新人才。

高等教育教学内容选择与组织是一个系统工程，必须以课程目标为导向，统筹兼顾知识、能力、情感态度与价值观等方面，科学规划、合理设计。只有做到教学内容与课程目标的紧密关联、有机统一，才能不断提高人才培养质量，为学生的全面发展奠定坚实的基础。

第二节　高等教育课程结构分析与优化

一、核心课程与选修课程的设置依据

（一）核心课程设置

1. 核心课程应聚焦培养学生的核心素养

学生的核心素养既包括学科专业知识和技能，也涵盖思辨能力、创新意识、

合作精神等通用能力。课程内容的选择和组织应紧密围绕培养学生的核心素养，突出基础性、综合性和应用性，帮助学生构建完整的知识体系，掌握本专业的关键理论和方法，培养解决复杂问题的综合能力。同时，课程设计还要体现学科前沿动态和社会发展需求，引导学生把握学科发展脉络，了解行业应用前景，增强服务国家和社会的责任感与使命感。

2. 核心课程必须深度契合学科内在规律和特点

例如，工学学科的数学严密的逻辑体系、抽象的思维方式是其重要特征。因此，数学核心课程应着重培养学生的逻辑推理能力和抽象思维能力，注重基本概念、基本定理的系统阐述和严格论证。工科专业则更加强调实践应用导向，核心课程设置应突出动手能力和工程实践能力的培养，加强案例教学和项目驱动，引导学生将理论知识应用于工程实际。

3. 核心课程需关注学生共性需求，注重个性化发展

一方面，核心课程应为学生提供开阔的学术视野、系统的理论训练和扎实的专业基础，满足其获取知识、增长才干的成长需求。另一方面，课程内容还应富有弹性和包容性，为学生预留探索空间，鼓励其根据兴趣和特长进行模块选择、交叉复合，为个性发展提供平台。

（二）选修课程设置

选修课程是高校人才培养方案的重要组成部分，其设置旨在拓宽学生知识面，满足学生个性化发展需求，培养学生的综合素质和创新能力。

1. 学生兴趣

选修课程的一大功能就是满足学生的个性化需求，让学生能够根据自己的兴趣爱好选择心仪的课程。当课程内容与学生兴趣契合时，学生的学习动机会被充分激发，学习效果也会大大提升。因此，高校在开设选修课时，应广泛调研学生需求，了解他们感兴趣的专业方向和知识领域，有针对性地开发课程。同时，还要为学生提供多样化的选择，既包括本专业相关的拓展课程，又包括跨学科的交叉课程，以满足不同学生的成长需要。

2. 社会需求

随着经济社会的快速发展，用人单位对人才的要求不断提高，综合素质和实践能力成为衡量人才质量的关键指标。高校选修课程应主动对接社会需求，及时调整优化课程内容，为学生提供与行业发展和就业市场相匹配的知识和技能训练。例如，可以开设创新创业类选修课，培养学生的创业意识和创新能力；开设新技术应用类选修课，帮助学生掌握前沿科技知识和实践技能；开设文化素质类选修课，提升学生的人文底蕴和审美情趣。唯有紧跟时代步伐，把握社会脉搏，选修课程才能真正发挥育人功效。

3. 资源条件

选修课程的开设需要相应的师资力量、教学设施、实验条件等各类资源作为支撑。在实际工作中，高校要综合考虑自身的办学定位、学科优势、资源禀赋等因素，科学制定选修课程规划。对于师资力量雄厚、教学条件完备的优势学科，可以开设更多高质量的选修课；对于相对薄弱的学科，则应根据实际情况适当控制选修课数量，保证课程质量。与此同时，高校还应加强校际合作与资源共享，鼓励跨校选课和学分互认，以“借船出海”的方式拓展选修课程资源。

设置选修课程是一项复杂的系统工程，需要统筹兼顾多种因素，在动态中实现均衡发展。学生兴趣是选修课程的出发点和落脚点，社会需求是选修课程的导向标，资源条件选修课程的现实基础。只有在三者之间寻求最佳平衡点，形成相互促进、良性互动的机制，选修课程的设置才能不断优化，为促进学生全面发展、提升人才培养质量提供坚实的支撑。

二、理论课程与实践课程的平衡

（一）并重的必要性

在当前高等教育改革不断深化的背景下，理论与实践相结合的教学模式已经成为共识。只有在教学中有机融合理论传授与实践训练，才能真正实现“知行合一”，促进学生全面发展。

从知识传授的角度来看，理论课程是奠定学生扎实学科基础的重要途径。

通过系统地学习专业理论知识，学生能够深入理解学科的基本概念、原理和方法，构建起完整的知识体系。这是学生进一步学习和探究的基石，也是其未来从事相关工作的必备素养。然而，如果理论学习脱离实际，停留在书本和课堂上，学生就难以真正领会所学知识的实践价值，更谈不上学以致用。

因此，高校必须高度重视实践课程的开设。在实践教学中，学生有机会将理论知识运用到具体情境中，通过亲身体验和动手操作，加深对知识的理解和掌握。同时，实践课程还能培养学生分析问题、解决问题的能力，锻炼其创新思维和实践技能。在理论指导实践、实践深化理论的互动中，学生能够构建起更加立体、深刻的认知，为未来的发展奠定坚实的基础。

从能力培养的视角来看，理论与实践相结合是提升学生综合素质的有效途径。在理论学习中，学生的逻辑思辨能力、抽象概括能力等得到锻炼；在实践探索中，学生的动手操作能力、团队协作能力等得到提升。两者相辅相成，共同促进学生多元智能的发展。尤其在当前社会对人才能力要求日益提高的背景下，单纯注重理论学习或实践训练都难以满足需求，只有将二者有机结合，才能培养出全面发展、具有竞争力的高素质人才。

从育人目标的角度来看，理论与实践相统一是落实立德树人根本任务的必然要求。理论学习不仅传授知识，更重要的是引导学生形成正确的世界观、人生观、价值观。实践教学则是学生将价值理念内化于心、外化于行的重要平台。在实践中，学生能够深切感悟所学理论的现实意义，增强运用知识服务社会的责任感和使命感。同时，在与他人合作、与客观世界互动的过程中，学生的道德品质、人文情怀也能得到陶冶和升华。只有在理论与实践的交融中，才能引领学生成长为德智体美劳全面发展的社会主义建设者和接班人。

（二）比例优化策略

不同专业、不同培养层次对理论课程和实践课程的需求差异较大，因此必须根据各自特点合理配比，方能实现人才培养目标。

对于以培养应用型人才为主的专科专业，实践课程应占较大比重。专科生的培养目标是胜任特定岗位工作，因此必须重视实践技能的训练。高校教师应精心设计实践教学内容，强化动手操作环节，让学生在实践中巩固理论知识，提高专业技术水平。理论课程的开设应服务于实践教学需要，突出针对性和实用性。

对于以培养学术型人才为主的本科专业，理论课程应占据主导地位。扎实的理论基础是学生进一步深造、从事科研工作的前提。高校教师应重视基础理论知识的传授，引导学生掌握学科的基本概念、原理和方法，构建系统完整的知识体系。同时，适度开设实践课程，如专业实验、社会实践等，培养学生运用所学知识分析问题、解决问题的能力。

对于以培养复合型人才为主的研究生教育，理论课程与实践课程应实现深度融合。研究生既要掌握坚实的理论基础，又要具备独立从事科研工作的能力。因此，课程设置应注重理论与实践的紧密结合，突出前沿性和创新性。高校教师可以开设研讨式课程，引导研究生围绕学科前沿问题展开探讨；开展科研项目训练，指导研究生参与课题研究；鼓励研究生参加学术会议，展示科研成果。

需要强调的是，理论课程与实践课程的比例设置并非一成不变。即使在同一专业、同一培养层次内，不同院校、不同培养方案的侧重点也各不相同。教师应立足学校定位、专业特色，结合生源状况、师资力量等因素，动态调整课程结构，不断优化人才培养方案。只有建立科学合理的质量评估和反馈机制，持续推进教学改革创新，才能实现理论课程与实践课程的最优配比，不断提升人才培养质量。

三、课程结构优化策略

（一）基于培养目标优化

课程结构是实现人才培养目标的重要载体，它直接影响着教学内容的选择、教学方法的运用以及教学资源的配置。当前许多高校的课程设置存在诸多问题，如课程内容陈旧、实践环节薄弱、学科交叉不足等，难以适应新时代对创新型人才的需求。因此，高校必须立足培养目标，深化课程改革，优化课程结构，为学生的全面发展提供坚实保障。

1. 明确培养目标

培养目标是人才培养的总体设计和顶层规划，它规定了人才培养的方向、规格和质量标准。高校要在准确把握国家、社会发展需求的基础上，科学制定符合自身办学定位的培养目标，为课程结构优化提供明确指引。一方面，培养目标要体现时代性，紧跟经济社会发展步伐，培养适应新时代要求的高素质人才；另一方面，培养目标要彰显特色性，立足学校优势和特色，形成鲜明的办学理念和人才培养特色。只有这样，才能保证课程结构的针对性和适切性。

2. 坚持“宽口径、厚基础、重能力、求创新”的理念

从知识结构来看，课程设置应体现宽专结合、文理渗透的特点，为学生提供全面、系统的知识体系。一方面，要开设面向不同学科领域的通识课程，拓宽学生的知识视野，奠定扎实的文化科学基础；另一方面，要加强学科基础课程建设，夯实学生的专业根基，培养其严谨的逻辑思维和深厚的学科素养。

从能力结构来看，课程设置应注重理论与实践的紧密结合，突出学生创新能力的培养。教学内容要与学术前沿、行业需求紧密对接，开设富有挑战性的研究型课程，引导学生参与科研实践和创新创业活动，提升其发现问题、分析问题、解决问题的能力。同时，课程体系还应为学生提供充足的自主学习空间，鼓励其跨学科、跨专业选修课程，培养自主学习和终身学习的意识与能力。

3. 科学合理的课程体系设计

高校应在人才培养方案的制订过程中，加强顶层设计，统筹规划各类课程的比例结构和关联方式。一是要处理好通识课程与专业课程的关系，既要保证通识教育的广度，又要突出专业教育的深度，使二者相辅相成、有机融合。二是要平衡好必修课与选修课的比重，在保证专业教育质量的前提下，为学生提供更多自主选择的空间，最大限度地满足学生个性化、多样化的学习需求。三是要加强课程的整合与衔接，打破学科专业壁垒，建立起具有内在逻辑关联的课程群，实现知识的交叉融合和能力的递进培养。

4. 坚持需求导向，紧跟社会发展趋势

当今时代，科技进步日新月异，新技术、新产业、层出不穷，对人才的知识结构和能力素质提出了新的更高要求。高校必须准确把握产业发展动向，及时调整课程内容，更新教学方式，为社会培养紧缺的复合型人才。一方面，要加强与行业企业的合作，积极开发应用型、实战型课程，提升人才培养的针对性和适应性；另一方面，要顺应信息技术发展趋势，利用慕课、虚拟仿真等新型教学手段，促进信息技术与教育教学的深度融合，提高人才培养的信息化水平。

（二）基于学生发展优化

高等教育课程结构优化需要以学生发展为中心，关注学生的个性化需求，

提供多样化的学习路径和资源，促进学生的全面发展。这就要求教师在课程设置和教学组织过程中，充分尊重学生的主体地位，创设开放、包容的教育生态，满足不同学生的成长需要。具体而言，基于学生发展的课程结构优化应着眼于以下四个方面。

1. 加强通识教育与专业教育的融合

通识教育是学生知识体系构建和综合素质培养的基础，专业教育则是学生未来职业发展的关键。课程结构优化要在两者之间寻求平衡，既要为学生提供宽厚的知识基础，又要引导其深入专业领域，培养专门型人才。通过跨学科课程、项目式学习等方式，可以有效促进通专融合，拓宽学生视野，提升其适应未来的能力。

2. 注重理论学习与实践锻炼的结合

知识的学习固然重要，但更为关键的是运用知识解决实际问题的能力。课程结构优化要打破理论与实践相脱节的局面，加大实践教学比重，为学生提供丰富的社会实践和创新创业机会。通过校企合作、产教融合等途径，可以让学生在真实情境中学以致用，增强其就业创业本领，实现学业与事业的良性互动。

3. 促进学生自主学习和个性发展

每一个学生都是独特的个体，有其特定的兴趣爱好、职业志向和发展诉求。课程结构优化要尊重这种多样性，为学生提供更多选择的空间和可能。一方面，高校可以开设丰富多彩的选修课，涵盖不同学科门类和专业方向，满足学生的不同需求；另一方面，高校教师要转变教学理念和方式，摒弃满堂灌的做法，营造民主、平等的课堂氛围，激发学生的学习兴趣和潜能，引导其主动探索知识，形成独立思考和创新实践的习惯。

4. 加强学业指导和生涯教育

学生的成长离不开科学规划和悉心指导。课程结构优化要把学业指导和生涯教育贯穿人才培养全过程，帮助学生树立正确的世界观、人生观、价值观，引导其结合自身特点和社会需求，合理定位人生目标，规划职业生涯。高校可以开设生涯规划必修课，搭建校友导师平台，为学生提供及时、准确的咨询服务和实践指导，帮助其顺利完成学业，实现个人理想和社会价值。

第三节　高等教育课程内容的更新与拓展

一、课程内容更新的必要性

（一）适应时代发展需求

时代的发展日新月异，科技的进步日益深化。面对瞬息万变的社会环境和日益激烈的国际竞争，高等教育肩负着培养创新型人才、服务经济社会发展的重要使命。高校课程作为人才培养的核心载体，其内容能否紧跟时代步伐，体现最新科技成果和社会发展趋势，直接关系到人才培养质量和高等教育事业的未来。

课程内容的更新迭代是一个动态发展的过程，需要建立在对时代发展脉搏的精准把握之上。一方面，高校应密切关注学科前沿动态，将本领域最新研究成果、前沿理论观点及时纳入教学内容，拓宽学生学术视野，引领学科发展方向。另一方面，高校还应主动对接经济社会发展需求，根据产业转型升级、科技创新驱动等大势，动态调整课程设置，强化应用导向，提升人才培养的适应性和针对性。只有与时俱进地更新课程内容，才能为学生提供富有时代气息、反映社会需求的高质量教育，培养其在激烈的竞争中砥砺前行的能力。

将最新科技成果融入课程教学，是提升人才培养质量的关键抓手。随着现代科学技术的高速发展，大数据、人工智能、云计算、区块链等新兴技术不断涌现，深刻改变着社会生活和产业发展模式。高校要主动把握这一契机，将新技术运用到各学科教学中，开发融合新技术元素的课程资源，创新教学模式和学习方式。同时，还要引导学生掌握运用新技术解决实际问题的能力，培养具有全球视野、创新精神和实践能力的卓越人才。

课程内容更新要以学生发展为中心，关注学生真实需求。当代大学生成长于信息化时代，思维方式、认知特点、价值取向呈现新的特点。课程内容设计要深入分析学情，把握学生成长规律，精准设计教学内容，增强教学的吸引力和感染力。充分尊重学生的主体地位，创设开放、互动的教学情境，激发学生探究欲望，培养其主动学习、自主思考的良好习惯。只有课程内容贴近学生实际、回应学生关切，才能真正成为学生成长的助推器。

面向未来，高校还应着眼于可持续发展，将全球性挑战纳入课程视野。当今世界正面临气候变化、资源短缺、人口老龄化等一系列复杂问题，这对人才培养提出了更高要求。高校应顺应全球发展大势，将可持续发展理念、习近平生态文明思想融入课程体系，引导学生树立全球意识、增强社会责任感。

（二）满足学生成长需要

每一位教育工作者都肩负着为国家培养合格建设者和可靠接班人的神圣使命。要实现这一目标，必须紧紧围绕学生成长成才这个中心，不断创新教学内容和方法，以满足学生全面发展的需要。

在当前高等教育改革不断深化的背景下，课程内容的更新已成为提升人才培养质量的关键所在。一方面，知识更新速度不断加快，传统的教学内容难以跟上时代发展的步伐。学生所学知识与社会需求脱节，不仅影响其就业竞争力，还制约了国家创新型人才队伍的建设。另一方面，随着信息技术的广泛应用和教育理念的转变，学生的学习方式、认知特点发生了深刻变化。死记硬背、被动接受的学习模式已不能适应信息时代“学习者中心”的教育范式。因此，只有根据学生成长需要，优化课程设置，更新教学内容，才能为其提供富有时代气息、激发学习兴趣的“精神食粮”。

课程内容更新要着眼于学生创新精神和实践能力的培养。创新是引领发展的第一动力，实践是认识世界、改造世界的根本途径。课程内容要为学生创新实践搭建平台，设置探究性、开放性的教学项目，鼓励学生从多角度、多层次理解和运用知识。通过在真实情境中发现问题、分析问题、解决问题，学生创新意识和实践能力必将得到显著提升。同时，教学内容还应注重学科前沿知识的导入，帮助学生把握学科发展动态，了解创新成果的最新应用，以开阔视野、启迪思想。只有这样，学生才能站在前人的肩膀上，不断开拓创新，推动知识的更新换代。

课程内容更新还应重视学生综合素质的提高。教育最根本的任务是立德树人，这就要求高校教师在传授知识的同时，引导学生形成正确的世界观、人生观、价值观。教学内容应渗透社会主义核心价值观，通过讲述革命先烈事迹、时代楷模故事等，帮助学生领会家国情怀，坚定理想信念。同时，课程还应融入中华优秀传统文化，引导学生继承和发扬中华民族的传统美德，提升人文素养。

（三）提升教育教学质量

随着科技的进步和时代的发展，如果课程内容不能紧跟时代步伐，吸纳最新的科研成果和前沿动态，那么教学必然会脱离社会发展的需要，失去应有的生命力和吸引力。反之，与时俱进的课程内容能够引领学生开阔视野，把握学科前沿，激发创新潜能，从而彰显高等教育独特的价值追求。

深入推进课程内容更新，需要高校教师树立终身学习理念，不断充实和完善自身的知识结构。只有广泛涉猎，博采众长，才能以包容的心态接纳新生事物，以敏锐的洞察力把握时代脉搏。同时，高校教师还要勇于突破学科壁垒，主动融合不同学科的优质资源，实现课程内容的交叉渗透与创新重组。只有这样，才能真正实现课堂教学内容的多元化、前沿化，满足新时代人才培养的多样化需求。

与时俱进的课程内容对教学方法也提出了更高要求，单向灌输式的讲授显然已经不合时宜，教师应积极探索启发式、参与式、探究式等教学模式，引导学生主动思考，激发学习兴趣。例如，可以适时引入专题讨论、案例分析、实践课题等教学形式，为学生提供运用新知、拓展新知的平台。在师生互动、生生互动中，课程内容才能真正内化为学生自身的知识和能力，焕发出蓬勃的生命力。

课程内容的更新还应体现鲜明的时代特色和社会关怀。当代大学生思想活跃，视野开阔，对课程内容有着更高的期待。高校教师要善于从社会热点问题、现实矛盾困境中提炼教学素材，引导学生运用所学知识分析问题、解决问题，培养其家国情怀和社会责任感。例如，面对当前复杂的国际形势，教师可以适当增加国际政治经济等方面的课程内容，帮助学生正确认识世界，胸怀全局、放眼未来。

二、课程内容更新的方式与途径

（一）优化课程体系

课程体系优化直接关系到人才培养目标的实现和教学质量的提升。传统的课程体系往往存在着内容陈旧、结构零散、实践性不足等问题，难以适应新时代对创新型、复合型人才的需求。因此，高校必须立足专业培养目标，系统梳理课程内容，合理调整课程设置，构建起科学、合理、综合性的课程体系。

1. 以专业培养目标为导向

专业培养目标是人才培养的总蓝图和总纲领，它规定了学生毕业后应具备的知识、能力和素质。课程作为实现培养目标的基本载体，其内容选择和组织安排必须服从和服务于专业培养目标。高校教师应深入分析专业所需的核心知识、关键能力和必备素质，据此优化课程体系，使其能够充分支撑专业培养目标的达成。例如，工科专业的课程体系应加强工程实践类课程的比重，突出学生动手能力的培养；而管理类专业的课程体系应注重案例教学，强化学生分析问题、解决问题的能力。

2. 注重科学性与系统性

系统性是指课程之间的内在逻辑关系，如先修课与后续课的衔接，必修课与选修课的配置等。高校教师应认真梳理各门课程的知识结构和能力要求，合理确定其先后次序和层次关系，使课程体系形成一个有机联系、相互支撑的整体。同时，还要兼顾课程内容的科学性，及时更新教学内容，引入学科前沿动态，紧跟社会发展和技术进步的步伐。通过系统设计，不断优化课程体系，可以使各类课程相得益彰、协同育人，从而实现知识、能力、素质培养的最优组合。

3. 综合性和交叉性

当前，学科之间的相互渗透日益深入，跨学科、跨领域已成为科学研究和人才培养的大趋势。因此，课程体系不应局限于单一学科的知识传授，而应着眼于多学科的交叉融合，体现学科综合性和知识交叉性。一方面，要打破学科壁垒，加强不同学科课程之间的联系，开设跨学科课程，拓宽学生知识面；另一方面，要整合理论教学与实践教学，加强校企合作，开发实践类课程，培养学生的实践创新能力。通过构建模块化、综合性的课程体系，可以促进学生全面发展，培养其综合运用知识的能力。

4. 以学生为中心

学生是教育的主体，课程体系的构建必须充分尊重学生的个性发展和多样化需求。一方面，要为学生提供更多的课程选择权，增设选修课程，满足学生兴趣特长发展的需要；另一方面，要改革教学方法，推行启发式、讨论式、参与式教学，调动学生学习的主动性和积极性。此外，还应加强课程的实践性和应用性，为学生提供更多动手实践的机会，培养其创新精神和实践能力。

（二）吸收学科前沿

高等教育事业的不断发展对学科前沿知识的吸收和运用提出了更高要求。将本学科最新研究成果、前沿动态及时纳入课程体系，不仅有利于拓宽学生的学术视野，还是提升人才培养质量的关键举措。

学科前沿代表着学科发展的最新方向和趋势，集中体现了本学科的创新性探索和突破性进展。这些成果往往来源于科研人员孜孜不倦地探索和锐意进取的创新精神，凝结着学科发展的最新理念和方法。将其引入课堂教学，能够使课程内容紧跟学科发展步伐，彰显鲜明的时代特色。学生通过学习前沿知识，能够把握学科的发展脉络，了解学科的未来走向，从而形成开阔的学术视野和前瞻性的思维方式。

学科前沿知识的引入也是深化课程改革，提高课程挑战度的有效途径。传统课程内容往往局限于经典理论和基础知识的传授，缺乏学科前沿动态的介入，难以满足学生探索未知、追求卓越的需求。而前沿知识的融入能够打破知识传授的局限性，激发学生的好奇心和求知欲，引导其主动探究知识的来龙去脉，培养批判性和创新性思维。在这一过程中，学生不仅能够掌握扎实的学科基础，还能提升分析问题、解决问题的综合能力，为未来从事科研工作奠定坚实基础。

学科前沿知识的纳入还能促进教学内容的更新换代，实现知识的创新性重构。教师要及时跟进学科最新进展，主动学习和研究前沿动态，将其与已有知识体系相融合，形成富有时代气息又不失经典厚重的课程内容。教师应不断更新自己的知识结构，提升教学研究能力，在教学实践中勇于创新、敢于突破。

（三）融入社会实践

在高等教育教学改革不断深化的大背景下，加强产教融合、校企合作，将实践课程与理论教学相结合，强化应用导向，已成为提升人才培养质量的关键举措。这种教学模式改变了传统的“重理论、轻实践”的局面，为学生搭建起理论与实践互通的桥梁，培养其综合运用知识解决实际问题的能力。

产教融合、校企合作是应用型人才培养的重要途径。通过与企业建立长期、稳定的合作关系，高校可以及时了解产业发展动态和人才需求，调整优化专业设置和课程体系，使人才培养与社会需求无缝对接。同时，企业也可以参与人才培养全过程，为学生提供实习、实训岗位，开展实践教学，提升学生的职业素养和就业竞争力。这种“产学研用”一体化的人才培养模式，有利于实现教育链、人才链与产业链、创新链的有机衔接，培养出适应社会发展需要的高素质应用型人才。

将实践课程与理论教学相结合，是深化教学改革、提高教学质量的重要抓手。传统的教学模式往往重理论、轻实践，学生难以将所学知识转化为实际应用能力。而通过合理设置实践课程，让学生在实践中巩固理论知识，在理论指导下开展实践探索，可以有效破解这一难题。例如，在工科专业教学中，高校教师可以利用校内实验室、校外实习基地等资源，组织学生开展项目实践、毕业设计等实践教学活动。在实践过程中，学生不仅能够加深对理论知识的理解，还能培养工程实践能力、创新创业能力等综合素质，为未来职业发展奠定坚实基础。

强化应用导向，是提升人才培养适应性、满足社会需求的必然要求。随着经济社会的快速发展，用人单位对高校毕业生的期望越来越高，不仅要求其掌握扎实的专业知识，更看重其应用知识、解决问题的实际能力。因此，高校必须转变育人理念，强化应用导向，围绕区域经济社会发展需求，培养具有较强实践能力和创新精神的应用型人才。这就要求高校教师在教学中注重理论与实践的结合，引导学生关注现实问题，运用所学知识提出解决方案。同时，高校还应建立健全创新创业教育体系，鼓励学生参与各类创新创业实践，提升其应用能力和职业适应性。

三、课程内容拓展的方向

（一）重视跨学科复合型人才培养

随着知识高度分化、学科日益专业化，单一学科的知识体系已经难以应对复杂多变的现实问题。培养具有扎实知识基础、多学科视野和创新能力的复合型人才，已经成为高校人才培养的必然选择。

要实现跨学科复合型人才培养，关键在于推动不同学科之间的交叉融合，开设跨学科课程模块。传统的学科划分往往以知识为本位，各自为政，缺乏沟通和对话。跨学科课程模块则打破了学科壁垒，以问题为导向，整合不同学科的理论视角和方法工具，为学生提供了全面认识事物的机会。例如，在探讨人工智能伦理问题时，就需要哲学、计算机科学、社会学等多学科知识的融通，单一学科的视角难以对其进行全面把握。

跨学科课程的设计应该遵循问题导向、能力为重的原则。教师应该精心选择学术前沿或现实生活中的复杂问题作为课程主题，引导学生运用多学科知识对问题进行分析和解决。同时，课程考核也应该突出学生分析问题、解决问题的能力，而非单纯的知识记忆和复述。例如，哈佛大学的“能源、环境与健康”跨学科课程，该课程整合了工程学、公共卫生学、经济学、政治学等学科知识，围绕能源利用与人类健康、气候变化等问题展开研究性学习，培养学生批判性思维和创新解决问题的能力。

开设跨学科课程模块需要学校在政策、资源等方面提供有力支持。一方面，学校应该在培养方案中为跨学科课程留出空间，打破学分障碍，为学生自主选择跨学科课程提供便利；另一方面，学校应该在师资配备、教学条件等方面给予倾斜，组建跨学科教学团队，建设跨学科实验实训平台。同时，学校还应该搭建跨学科交流合作的平台，定期举办学术论坛、研讨会，促进不同学科师生之间的对话和碰撞。

培养跨学科复合型人才是一项系统工程，需要学校、教师、学生多方协同努力。学校应该树立人才培养的全局观，系统谋划、统筹推进；教师应该更新教育理念，丰富教学内容和方式，为学生提供跨学科学习的机会和指导；学生也应主动拓宽知识视野，锻炼多学科思维的能力，提升自身的核心竞争力。只有多方合力，才能培养出适应时代需求的卓越人才，为国家和民族的长远发展提供智力支撑。

（二）加强国际化视野培养

引进优质课程资源，开展中外合作办学，是高校扩大教育开放、提升人才培养质量的重要途径。这不仅有利于拓宽学生的国际视野，培养其文化交流能力，更是适应经济全球化、构建人类命运共同体的必然要求。

在引进国外优质课程资源方面，高校可以通过多种渠道开展国际交流与合作。一方面，高校可以选择引进国际通用的优秀教材，邀请国外知名专家学者来校讲学或远程授课，为学生提供与国际接轨的学习内容和教学方式。另一方面，高校还可以依托现代信息技术，引进国外大学的在线开放课程，让学生足不出户就能聆听名校大师的教诲。这些措施不仅能够弥补国内某些学科领域的不足，更能激发学生探索未知、追求卓越的热情。

在推进中外合作办学时，高校更需要审时度势、因校制宜。以“引进来”和“走出去”相结合的方式，培养既具备扎实专业知识，又具有全球竞争力的高素质人才。同时，中外合作办学还应坚持规范运作、坚持内涵发展，在合作中传播中华优秀传统文化，讲好中国故事，传播好中国声音。

引进国外优质课程资源、开展中外合作办学的根本目的在于培养学生的国际化视野和文化能力。这就要求高校在教学过程中，不仅要重视专业知识的传授，还要注重人文素养的熏陶。教师应引导学生尊重不同国家和民族的文化传统，以开放包容的心态看待世界，在比较中借鉴，在互鉴中提升。同时，教师还要帮助学生厘清文化交流中的误区，坚定文化自信，成为中华文化的坚定践行者和积极传播者。只有这样，学生才能在多元文化的碰撞交融中实现自我认同，增强民族自豪感和使命担当，成长为具有家国情怀和全球视野的时代新人。

第三章 高等教育教学方法

第一节 启发式教学法

一、启发式教学的定义与特点

(一) 启发式教学的定义

启发式教学是一种以启发学生积极思考为核心的教学方式，强调以学生为主体，教师为主导。通过创设问题情境、引导学生探究，充分调动学生学习的主动性和积极性，促进学生深入理解知识，提高分析问题和解决问题的能力。

(二) 启发式教学的特点

启发式教学强调学生在教学过程中的主体地位，旨在激发学生的学习兴趣，调动其主动性和积极性，培养其独立思考和创新能力。在这一教学模式下，教师不再是知识的权威传播者，而是学生学习的引导者和启发者。教师通过精心设计教学情境，提出富有挑战性的问题，引导学生自主探究、积极思考，从而建构起完整的知识体系。

在启发式教学中，师生互动是一个关键环节。教师应该营造民主、平等、和谐的课堂氛围，鼓励学生大胆提问、勇于质疑、敢于表达自己的观点和看法。同时，教师要虚心听取学生的意见，尊重学生的个体差异，针对不同学生的特点采取恰当的教学策略。通过这种双向互动，教师既能及时了解学生的学习状况，又能有的放矢地指导学生的学习，使教学效果达到最优。

在启发式教学中，学生之间的互动不容忽视。合作学习是启发式教学的重要形式之一。教师可以采用小组讨论、角色扮演等方式，让学生在相互启发、相互促进中产生智慧的火花。在这一过程中，学生不仅能够加深对知识的理解，还能提升语言表达、团队协作等关键能力。学生在与他人的交流互动中，也能逐步形成开放、包容的心态和人际交往能力。

启发式教学对教师的素质和能力提出了更高要求。教师不仅要具备扎实的学科专业知识，还要熟悉学生的认知特点和心理发展规律，掌握多种教学方法和技巧。只有具备过硬的教学功底和教学智慧，教师才能真正成为学生学习的“引路人”。

二、高等教育中启发式教学的原则

（一）以学生为中心原则

以学生为中心原则强调在教学过程中充分尊重学生的主体地位，关注学生的个性发展，激发学生的学习兴趣和潜能，最大限度地调动学生学习的主动性和积极性。这一原则的提出，是对传统“以教师为中心”教学模式的反思和超越，旨在实现教学相长、共同发展的育人目标。

在以学生为中心的教学中，教师不再是高高在上的知识权威和灌输者，而是学生学习的组织者、引导者和协助者。教师要尊重学生的个体差异，针对不同学生的认知特点、学习风格和发展需求，因材施教，为学生提供个性化的学习支持和指导。教师还要为学生创设民主、平等、宽松的学习环境，鼓励学生大胆质疑、勇于创新，培养学生独立思考、主动探究的能力。

在课堂教学中，体现以学生为中心原则的一个重要方式是采用互动式、参与式的教学方法。传统的“满堂灌”式授课容易使学生失去学习兴趣，甚至产生厌倦和抵触情绪。而启发式教学、探究式学习、小组合作学习等教学方式，能够充分调动学生参与教学活动的积极性，使其沉浸式投入学习过程。在这些教学活动中，学生通过与教师、同伴的交流互动，在“做中学”“学中做”中掌握知识、内化技能，实现自主建构、意义生成。

课程内容的选择和组织要体现以学生为中心的理念。教师要充分考虑学生的认知起点、知识基础和学习需求，合理确定教学内容的广度、深度和难度。课程内容应该紧密联系学生的生活实际和未来发展需要，注重培养学生的核心素养和关键能力。同时，教师要引导学生参与课程建设，征求学生对课程内容、教学方式的意见和建议，不断优化课程方案，提高课程的针对性和实效性。

以学生为中心原则还要求高校全面关注学生的成长和发展。除了课堂教学，学校还要为学生提供丰富多彩的第二课堂活动，拓展学生的学习空间。采用社团活动、志愿服务、科技创新、文化体育等形式，培养学生的组织能力、实践能力、创新能力，促进学生全面发展。学校还要完善学业指导、心理健康、就业创业等方面的服务体系，为学生的学习、生活和成长提供全方位支持。

（二）循序渐进原则

在启发式教学中，循序渐进原则要求高校教师在教学过程中，要充分考虑学生的认知发展水平和知识基础，根据学生的接受能力，合理安排教学内容，设计教学活动，引导学生逐步深入学习，实现由浅入深、由易到难的过渡。在实际教学中运用循序渐进原则，高校教师可以采取以下策略。

1. 合理把握教学内容的难度梯度

高校教师要对教学内容进行系统分析，明确各知识点之间的逻辑关系，区分基础知识与拓展知识、必备技能与综合应用能力等，在此基础上科学地安排教学内容的顺序，形成由易到难、由简到繁的递进式结构。这样，学生才能在原有知识经验的基础上，有序地接纳和吸收新知识，实现知识体系的扩展和完善。

2. 精心设置教学问题的层次

在启发式教学中，发问是引导学生思考、激发学生探究热情的重要手段。高校教师提出的问题，要具有启发性和梯度性，既要契合学生的认知水平，又要略高于学生的现有发展水平，为学生的进一步发展提供“拓展区”。高校教师可以首先设置一些开放性问题，引导学生回顾已有的知识和经验；其次提出一些探索性问题，鼓励学生利用观察、分析、推理等方式发现事物之间的内在联系；最后再提出一些综合性、评价性问题，引导学生对所学知识进行迁移运用和价值判断。通过这种层层深入、环环相扣的设问方式，既可以调动学生的积极性，又能有效地拓展学生的思维空间。

3. 合理控制教学活动节奏

教学活动不仅要服务于教学目标，还要适应学生的学习节奏。高校教师要根据教学内容的难易程度和学生接受能力的高低，灵活调控教学进度，给予学生充足的时间进行观察、思考和讨论，鼓励学生通过自主探究获取知识、形成能力。对于基础较好、接受能力较强的学生，高校教师可以适当加快教学节奏，为学生提供更多探究和拓展的机会；对基础薄弱的学生，高校教师则要放慢节奏，加强指导和辅导，通过反复训练帮助其巩固基础。这种因材施教、分层教学的策略，有利于最大限度地调动每一位学生的学习积极性，使不同层次的学生都能在原有水平的基础上得到发展。

4. 重视知识经验的复习和整合

学习是一个不断建构的过程，新知识的获取离不开旧经验的迁移运用。因此，高校教师在启发式教学中，要重视复习环节，引导学生系统回顾和整合已学知识，加深对重点内容的理解和记忆。同时，高校教师要引导学生主动建立新旧知识之间的联系，变机械记忆为意义记忆，促进知识在不同情境中的迁移运用。借助这种复习整合策略，可以帮助学生形成完整、系统的知识体系，实现学习的内化和升华。

三、高等教育中启发式教学的实施策略

（一）建立民主平等的师生关系

传统的师生关系常常以教师为中心，学生被动接受知识，缺乏主动性和创造性。这种关系不利于学生的全面发展，也不符合现代教育的理念。只有打破权威，建立平等互信的师生关系，才能真正激发学生的学习热情，培养其独立思考和创新能力。

民主平等的师生关系应该建立在相互尊重的基础上。高校教师要尊重学生的个性特点和发展需求，平等对待每一位学生，给予其充分的关注和帮助。同时，高校教师要虚心接纳学生的意见和建议，认真倾听他们的心声。这种尊重不是对学生的放纵和迁就，而是一种理性、友善的态度，体现出对学生主体地位的认可。学生只有感受到教师的尊重，才会对教师产生信任，主动与之沟通交流，形成良性互动。

在教学过程中，高校教师应鼓励学生大胆质疑、勇于创新。面对学生的提问和疑惑，教师要耐心解答，引导其深入思考。即便学生的观点失之偏颇，高校教师也不应简单否定或批评，而是通过启发诱导帮助其修正错误、完善认知。高校教师还要为学生营造宽松的学习氛围，鼓励其自由表达想法，勇于尝试新事物。在这样一种民主、包容的环境中，学生的好奇心和求知欲会得到极大的激发，创造力也会得到提升。

教学相长是民主平等师生关系的生动体现。在教学活动中，高校教师不仅

是知识的传授者，还是学生成长的引路人。高校教师要虚心向学生学习，吸收他们的新思想、新观点，与时俱进地更新自己的知识结构。学生的创造性想法常常能给教师带来启迪，帮助教师突破思维定式，拓宽研究视野。在这种角色互换、彼此滋养的过程中，师生关系更加紧密，教学相长的理念也得以真正落实。

构建民主平等的师生关系需要教师和学生的共同努力。高校教师要主动反思自己的教学理念和方式，不断改进教学方法，提升育人能力。学生也要改变学习态度，增强主体意识，积极参与教学活动。只有双方携手并进、相互配合，民主平等的师生关系才能真正地建立起来，教学质量和人才培养水平也会得到提高。

（二）合理设置教学问题

在设计教学问题时，高校教师需要深入分析教学内容，梳理知识点之间的逻辑关系，把握学科核心素养和关键能力。在此基础上，高校教师应围绕教学目标，设计不同层次、不同类型的问题。记忆理解型问题可以帮助学生夯实基础知识，但不能停留在表面，要引导学生深入理解概念内涵、原理规律。分析综合型问题可以训练学生逻辑思维和批判性思维，引导其透过现象看本质、由表及里地探究事物的内在联系。拓展创新型问题则能激发学生的想象力和创造力，鼓励其在已有知识基础上进行探索，提出新颖独到的见解。

问题设置应考虑学生的认知水平和已有经验。对于基础薄弱的学生，高校教师可以先设计一些简单的引导性问题，帮助其建立学习信心。随着学生能力的提高，问题的难度和开放度也应随之增加，为学生的进一步发展提供“拓展区”。教师还要关注学生的兴趣爱好和生活实际，适当设计一些与之相关的问题，激发学生的情感共鸣，增强学习的主动性。

高校教师还应注重问题情境的创设。通过制造悬念、设置矛盾冲突等方式，营造良好的问题情境，吸引学生主动投入探究活动中。在解决问题的过程中，学生不仅能够掌握知识技能，还能锻炼思维能力，体验探究的乐趣，培养科学态度和创新精神。

在教学实践中，高校教师要灵活运用各种提问技巧，如追问、反问、设疑等，引导学生深入思考问题的多面性、多向性。面对学生提出的问题或见解，教师要给予积极的回应和点拨，鼓励其大胆质疑、勇于表达。同时，教师要注意引导学生之间的互动交流，组织小组讨论或辩论，促进思维的碰撞和观点的交锋，使不同的观点在交流中得以丰富和深化。

问题导向是启发式教学的灵魂所在。高校教师应秉持以问题为中心的教学理念，将教与学的过程转化为师生共同探究问题的过程。在这一过程中，学生通过主动建构知识体系，增强思维能力，形成积极的学习态度和价值观，真正成为学习的主人。而高校教师则从知识的传授者转变为学生学习的引导者和促进者，在与学生平等互动的过程中实现自身的专业成长。

第二节　项目式教学法

一、项目式教学的特点

项目式教学的核心在于以真实项目为载体，引导学生主动探究和实践，以实现知识建构和能力提升的目标。与传统的灌输式教学不同，项目式教学强调学生的主体地位和教师的引导作用，突出知识的实践应用和综合运用，体现现代教育理念的内在要求。

项目式教学以真实情境为基础，学生面对的是切合实际的任务和问题，这种真实性激发学生的学习动机，使其感受到学习的意义和价值。在项目实施过程中，学生需要运用已有知识解决现实问题，在理论与实践的交互中加深对知识的理解和内化，从而实现知识的迁移和应用。

项目式教学以探究为导向，鼓励学生自主学习、主动思考。面对开放性的项目任务，学生需要自己制订计划、收集资料、设计方案，在探究过程中培养批判性和创新性思维。教师不再是知识的权威传授者，而是学生探究活动的引导者和协助者。这种师生角色的转变，促进了平等、民主的师生关系，营造宽松、愉悦的学习氛围，有利于学生的个性化发展。

项目式教学突出实践性，强调“做中学”。通过参与完整的项目实践，学生得以将抽象的理论知识转化为具体的操作技能，在动手实践中发现问题、分析问题和解决问题，习得知识的同时提升了实践能力。这种实践性不仅体现在操作层面，还体现在对知识综合运用、迁移的能力上。项目成果的呈现，既是学习成效的检验，又是学生自信心的建立。

二、高等教育中项目式教学法的实施步骤

（一）项目选择

项目选择直接影响着教学活动的质量和效果。在高等教育中，选择适合学生认知水平和专业特点的真实项目，是开展项目式教学的基础和前提。

从认知水平的角度来看，大学生已经具备一定的抽象思维能力和逻辑推理能力，能够对复杂问题进行分析和探究。因此，在选择项目时，教师应充分考虑大学生的认知发展特点，设计具有适度挑战性的项目任务。一方面，项目难度不宜过低，要能够激发学生的好奇心和探究欲望，引导其主动思考和解决问题；另一方面，项目难度也不能过高，超出学生的认知水平容易导致其产生挫败感和抵触情绪。只有选择难易适中、与学生认知水平相匹配的项目，才能调动学生参与的积极性，实现教学目标。

从专业特点的角度来看，不同专业有着不同的知识体系和技能要求，这就需要教师在选择项目时，充分考虑学科特点和人才培养目标。以工科专业为例，其教学内容通常与工程实践紧密相关，强调动手操作和创新能力的培养。因此，在选择项目时，教师应尽量选取来自工程实际的真实案例，如产品设计、工艺优化和故障诊断等，让学生在解决实际问题的过程中，掌握专业知识，提升实践技能。而对于人文社科类专业，其教学内容更侧重理论探讨和批判性思维的培养。在选择项目时，教师可以设计一些开放性的研究课题，引导学生收集资料、分析论证和撰写报告，从而深化对理论知识的理解，提高学术研究的能力。

（二）项目分析

在项目分析阶段，教师需要引导学生深入剖析项目需求，全面把握项目目标，并据此拟订科学合理的项目实施计划。这不仅有助于学生明确学习方向，厘清思路，还能够培养其分析问题、解决问题的能力及锻炼其逻辑思维和创新意识。

项目分析通常包括以下几个步骤。首先，教师要组织学生对项目进行全方位的调研，收集相关资料，了解项目背景、目的和要求等基本情况。在此基础上，教师引导学生从多角度、多层面分析项目需求，包括知识需求、技能需求、资源需求等，帮助其厘清项目实施的关键要素。其次，教师要指导学生根据项

目需求，拟定明确、具体、可操作的项目目标，并将其细化为若干个子目标或任务，为后续项目实施提供方向和路径。最后，教师要引导学生围绕项目目标，设计项目实施方案，包括时间进度、任务分工、资源配置和过程管控等，使项目实施有章可循、有据可依。在此过程中，教师还应鼓励学生发散思维，提出创新方案，培养其独立思考和创造性解决问题的能力。

项目分析是一个动态调整、不断优化的过程。在项目实施过程中，学生可能会遇到新的问题和挑战，需要及时调整项目方案，甚至重新定义项目需求和目标。这要求教师在项目分析阶段，就要培养学生的应变能力和灵活性，使其能够根据实际情况及时调整策略，化解风险，确保项目顺利推进。同时，教师应引导学生养成善于总结反思的习惯，定期回顾项目进展，分析存在的问题，总结经验教训，并将其应用到后续项目实施中，实现螺旋式上升。

（三）项目实施

组织学生开展项目实践，首先需要教师根据项目主题和学生特点，合理分工，明确每个学生在项目中的角色和任务。这不仅有利于调动学生的积极性和主动性，还能培养其团队协作意识和组织管理能力。在分工过程中，教师应充分尊重学生的个性特长和兴趣爱好，鼓励其发挥所长，承担适合自己的任务。教师还要引导学生相互配合，营造良好的团队氛围，共同推进项目的实施。

在项目实施过程中，教师要为学生营造真实的情境，让其在实践中感受所学知识的实际应用价值。这就要求教师在设计项目任务时，要紧密结合现实生活或工作场景，选择具有实际意义和挑战性的问题，激发学生的求知欲和探究热情。例如，在工程专业的项目式教学中，教师可以引入真实的工程案例，让学生以小组形式开展可行性分析、方案设计、模型构建等实践活动，在解决实际问题的过程中深化对理论知识的理解和掌握。

教师要为学生提供必要的指导和支持，帮助其克服项目实施过程中遇到的困难和挑战。这种指导和支持既包括专业知识和技能方面的指导，又包括思维方法和学习策略方面的启发。在知识和技能指导方面，教师要及时解答学生的疑惑，提供关键信息和资源，引导学生运用所学知识解决实际的问题。在思维方法和学习策略指导方面，教师要引导学生养成独立思考、主动探究的习惯，教授其资料收集、数据分析、问题解决等方面的方法和技巧，提高学生自主学习和终身学习的能力。

教师还要加强过程管理和质量监控，确保项目实施的进度和质量。这就要求教师建立完善的过程考核和反馈机制，定期了解学生的项目进展情况，及时发现并解决存在的问题。教师可以采用阶段汇报、成果展示等方式，让学生展示项目进展成果，互相交流学习体会，同时接受教师和同学的评价反馈。这不仅能够督促学生按时保质完成项目任务，还能促进其反思总结，提高项目实践的效果。

三、项目式教学法在高等教育中的优势

（一）培养学生解决问题的能力

项目式教学法强调学生的主体性和实践性，旨在通过真实项目的设计与实施，培养学生分析问题、解决问题的能力。在项目实践过程中，学生需要运用所学知识，针对具体的问题提出解决方案，并付诸实践，这一过程对于提升其问题解决的能力具有重要意义。

解决问题的能力是一种综合性能力，它涵盖问题识别、方案设计、实施与评价等环节。在项目式教学中，学生首先要学会准确识别和界定问题。面对复杂的现实情境，学生需要运用批判性思维，透过表象看本质，找出问题的关键所在。这一过程不仅考验学生的知识储备，还考验其逻辑思辨能力和洞察力。

在明确问题后，学生需要提出切实可行的解决方案。这就要求学生充分调动已有的知识和经验，进行创造性思考。在方案设计过程中，学生不仅要考虑方案的针对性和可操作性，还要权衡方案实施的风险和成本，做出理性选择。这一环节对于培养学生全面思考问题的意识和能力具有重要价值。

方案确定后，学生要将设计方案转化为具体行动。在实施过程中，学生难免会遇到各种预料之外的困难和挑战。这就要求其具备应变能力和抗挫折能力，能够灵活调整方案，克服困难，坚持不懈地推进项目进程。正是在这一过程中，学生的意志品质和实践能力得到锻炼和提升。

项目结束后，对项目成效进行评价反思也是提升问题解决能力的重要一环。通过总结项目经验，分析成败得失，学生能够更加清晰地认识自身的优势和不足，吸取经验教训，为未来解决类似的问题积累知识和方法。反思评价的过程也有助于学生形成自我评价和自我完善的意识，培养其终身学习和自主发展的能力。

项目式教学为学生提供在真实情境中识别问题、分析问题、解决问题的宝

贵机会。学生在主动探究和实践的过程中，逐步构建起系统完整的知识体系，锻炼批判性思维和创新思维，增强动手实践和协作沟通的能力。这些能力的提升不仅有利于学生更好地适应未来社会的复杂多变，还为其职业发展和个人成长奠定坚实的基础。

（二）提高实践创新能力

创新能力的培养需要鼓励学生打破常规思维定式，勇于尝试新的思路和方法。在项目实践中，教师应为学生营造宽松、自由的探索空间，鼓励其大胆质疑，敢于挑战权威。面对复杂的工程问题，教师要引导学生发散思维，提出多种解决方案，并通过试错和优选，最终找到最优的设计方案。这一过程能够有效地训练学生的创新思维能力，使其学会从多角度、多层次分析问题，提出创新性的解决策略。

在项目实践中，学生往往需要将多学科知识融会贯通，综合运用于具体问题的解决。这就要求其具备扎实的理论基础和娴熟的实践技能。为此，教师应精心设计项目任务，覆盖学科核心知识点，并与行业实际紧密结合。通过参与这些任务，学生能够加深对理论知识的理解，提升知识的迁移应用能力。同时，教师应重视学生动手能力的培养，通过反复的实践操作，帮助其掌握各种仪器设备的使用方法，熟练相关的实验技能。只有理论与实践相结合，才能真正提升学生的实践创新能力。

创新能力的提升离不开科学精神的引领。科学精神强调理性思考、实事求是、勇于探索的治学态度。在项目实践中，教师要以身作则，用自己的言行感染和影响学生，使其逐步树立科学的世界观和方法论。要鼓励学生秉持求真务实的态度对待学习和研究，培养其刻苦钻研、永不言弃的意志品质。只有具备这些宝贵的精神财富，学生才能在创新的道路上走得更稳、走得更远。

（三）促进知识综合应用

在项目实施过程中，学生需要调动多学科知识，深入分析项目需求，提出解决方案，并付诸实践。这一过程不仅能够加深学生对专业知识的理解，还能培养其发现问题、分析问题和解决问题的能力。

项目实施还能够促进不同专业、不同学科知识的交叉融合。在实际项目中，往往需要多个专业的学生通力合作，共同完成任务。这种跨专业、跨学科的协作，不仅能够促进知识的交流和碰撞，还能培养学生的团队意识和协作精神。在与他人合作的过程中，学生能够学习到不同专业的知识和方法，拓宽自己的学术视野。同时，在协作中遇到的观点冲突和思维碰撞，能够促进学生批判性思维的发展，学会从多角度、多层面分析问题。

项目实施能够帮助学生打破学科壁垒，加深对知识的理解和掌握，培养其分析问题和解决问题的能力。高等教育应该重视项目式教学，将其作为培养创新型人才的重要途径。通过设计科学合理的项目，鼓励学生开展探究性学习，才能真正实现知识的综合应用，提升人才培养质量。

第三节　翻转课堂教学法

一、翻转课堂教学法概述

翻转课堂是一种颠覆传统课堂教学模式的创新性教学方法。在传统课堂中，教师通常扮演知识的传授者和主导者的角色，学生被动地接受知识，缺乏主动探究和实践的机会。这种“以教师为中心”的教学模式难以充分调动学生的学习积极性，限制学生创新能力和实践能力的培养。翻转课堂则是对传统教学模式的一次革命性变革，它强调“以学生为中心”，重构教与学的过程。

在翻转课堂中，教师不再是唯一的知识源，而是学习的组织者、引导者和协助者。教师精心设计教学内容，提供优质的教学资源，如教学视频、案例分析和问题讨论等，引导学生在课前完成自主学习。学生利用观看教学视频、阅读参考资料、完成练习题等方式，在课前掌握基本的知识点和技能。课堂时间则被用于知识内化和拓展，学生通过参与讨论、完成项目和分享心得等形式，深化对知识的理解和运用。在这一过程中，教师给予必要的指导和反馈，帮助学生梳理知识脉络、解决疑难问题和提升思维能力。

翻转课堂彰显现代教育理念的核心内涵，即尊重学生的主体地位，激发学生的内在动力，培养学生的自主学习能力和创新实践能力。在翻转课堂中，学生不再是被动的知识接受者，而是学习的主人。他们可以根据自己的节奏安排学习进度，针对感兴趣的问题开展深入探究，在与他人协作中提升沟通合作能力。这种自主、探究、实践的学习方式，更符合学生认知发展的规律，有利于促进学生综合素质的提升。

翻转课堂也对教师提出更高的要求。教师需要全面把握学科前沿动态，不断更新教学内容；熟练运用信息技术手段，制作精良的教学资源；设计科学的教学活动，引导学生高效学习；加强与学生的互动交流，及时给予个性化的指导。总之，翻转课堂倒逼教师转变教学理念，优化知识结构，提升教学能力，推动了教师专业发展。

翻转课堂的兴起，打破了传统课堂的时空限制，延伸学习的场域，拓展教与学的维度，为人才培养注入了新的活力。在信息技术迅猛发展的时代背景下，翻转课堂具有广阔的应用前景。高校应积极推动翻转课堂的实践探索，完善配套的教学管理和质量评价体系，为翻转课堂的深入推进提供制度保障。同时，教师应加强翻转课堂的理论研究，总结实践经验，并不断优化翻转课堂的教学设计与实施策略，以提高教学效果。

二、翻转课堂教学法在高等教育中的实施模式

（一）基于微课的翻转课堂

微课视频以其内容精练、形式灵活和时间短小等特点，为翻转课堂的实施提供便利条件。教师可以根据教学内容和学情特点，精心设计和制作微课视频，将知识点以更加直观、生动的方式呈现出来。学生通过课前观看微课视频，可以初步了解和掌握基本概念、原理和方法，为课堂学习做准备。

在课堂教学中，教师不再占用大量时间讲授基础知识，而是将重点放在引导学生深入理解和运用知识上。通过设计探究性问题、组织小组讨论、开展案例分析等教学活动，教师可以激发学生的思考热情，培养其分析问题、解决问题的能力。学生在互动交流中分享见解、碰撞思想，并加深对知识的理解和内化。这种“先学后教”的翻转课堂模式，突出学生学习的主体地位，提高课堂教学的针对性和实效性。

微课视频在呈现知识重难点方面具有独特优势。传统课堂教学受时间和空间的限制，难以对复杂抽象的概念、原理进行细致讲解和动态演示。而微课视频可以利用动画、图表、视频等元素，将知识重难点以更加形象、具体的方式展现出来。

微课视频还为学生课后复习巩固和拓展学习提供有力支持。学生可以根据自身学习进度和需求，随时随地观看微课视频，及时消化和巩固所学知识。对于学有余力的学生，教师还可以提供与教学内容相关的拓展型微课视频，引导

其深入探索学科前沿问题，培养其自主学习和创新的能力。

（二）基于讨论的翻转课堂

基于讨论的翻转课堂采用小组讨论的形式，促进学生对知识的理解和内化。在讨论过程中，学生需要运用所学知识分析问题、阐述观点和交流思想，这不仅有助于加深对知识的理解，还能培养其批判性思维、逻辑论证等高阶思维能力。

在小组讨论中，学生是学习的主体，教师则充当组织者、引导者和促进者的角色。教师需要精心设计讨论主题，提出具有挑战性和开放性的问题，激发学生的思考欲望。同时，教师应该明确讨论的规则和要求，引导学生遵循理性讨论的原则，学会倾听、表达和尊重不同观点。在讨论过程中，教师要适时介入，引导讨论的方向，帮助学生突破思维瓶颈。

小组讨论不仅能够促进学生对知识的理解，还能培养其协作能力和沟通能力。在讨论中，学生需要与他人合作，共同完成任务目标。这就要求他们学会分工协作和相互支持，养成团队协作意识。同时，小组讨论为学生提供展示自我、交流思想的平台。学生需要清晰、有条理地表达自己的观点，又要虚心听取他人意见，在碰撞交流中实现思想的升华。这对于提升学生的语言表达能力和人际交往能力具有重要意义。

小组讨论还有利于营造民主、平等、活跃的课堂氛围。在讨论中，每个学生都有平等交流、表达看法的机会，教师与学生、学生与学生之间能够形成积极互动。这种氛围有助于调动学生参与的积极性，激发其学习热情和主动性。久而久之，学生的自信心和主人翁意识也能得到提升。

小组讨论也并非万能，它的有效开展需要一定的前提条件。首先，学生必须具备相应的知识基础和思维能力，这需要教师在前期教学中做好铺垫和准备。其次，讨论的主题和问题要设计合理，难度要适中，既要具有挑战性，又不能太过抽象和深奥。最后，小组的组成要合理，成员之间的学习能力、性格特点等要相对均衡，避免出现一言堂的局面。

三、高等教育中翻转课堂的实施流程

（一）课前准备

在翻转课堂教学模式中，课前准备环节为整个教学过程奠定了坚实的基础。教师需要投入大量时间和精力，精心设计和制作优质的教学视频，并布置有针对性的预习任务，引导学生主动去探索和思考。

1. 教学视频

与传统课堂不同，翻转课堂要求教师将知识点以视频的形式呈现，供学生自主学习。这就对教学视频的质量提出更高要求。教师应深入钻研教材，梳理知识脉络，提炼核心概念，设计合理的教学流程。在视频制作过程中，教师要充分考虑学生的认知特点和学习需求，使用通俗易懂的语言，配以生动形象的案例和演示，增强视频的吸引力和感染力。同时，教师要把握视频的时长和节奏，既要保证内容的完整性，又要避免冗长烦琐，影响学习效果。

2. 预习任务

预习任务的目的是引导学生在自主观看教学视频的基础上，进一步思考和探究知识点，培养学习的主动性和独立性。预习任务应与教学视频内容紧密结合，层层递进，由浅入深。例如，教师可以设计一些开放性问题，鼓励学生畅所欲言，表达自己的见解；又如，教师可以布置一些小组合作任务，促进学生之间的交流和碰撞。无论采取何种形式，预习任务都应体现出探究性和挑战性，激发学生的好奇心和求知欲。

（二）课中活动

在翻转课堂教学中，课中活动是实现教学目标、巩固学习效果的关键环节。在这一阶段，学生需要报告预习成果，展示自主学习的收获和心得体会。这不仅有助于加深对知识的理解和内化，还能培养学生的表达能力和自信心。同时，学生的汇报为教师提供及时的反馈，有助于教师掌握学情，调整教学策略。

在学生报告预习成果的过程中，教师应该积极引导，鼓励学生畅所欲言，营造宽松、互信的课堂氛围。对于学生提出的疑问或困惑，教师要耐心解答，给予适时的点拨和启发。借助师生之间的平等对话和深入交流，可以激发学生的学习兴趣，调动其主动性和积极性。

学生报告预习成果不应局限于知识点的简单罗列和机械重复。教师应鼓励学生深入思考，提出自己的见解和观点。对于有价值的想法，教师要给予肯定和赞赏，增强学生的成就感和自信心。同时，教师要善于捕捉学生报告中存在的问题或误区，及时予以纠正和引导，防止错误认知的产生和强化。

在学生报告之后，教师还应组织全班学生进行讨论和交流，鼓励他们相互启发，碰撞思想火花。在集体智慧的激励下，学生能够多角度、多层面地理解和把握知识，实现对所学内容的深度理解和灵活运用。

面对学生提出的疑问，教师要认真对待，耐心解答。对于共性问题，教师可以举一反三，系统阐述相关知识，帮助学生建立起完整的认知体系。对于个性化问题，教师要因材施教，给予有针对性的指导，满足学生差异化的学习需求。

在答疑解惑的过程中，教师要善于运用多种教学方法和手段，如类比、示范、实验等，帮助学生直观地理解抽象的概念和原理。教师也要引导学生举一反三，将所学知识迁移到新的情境中，提高知识的应用能力和实践技能。

（三）课后巩固

在翻转课堂教学中，课后巩固环节不仅是对课堂学习效果的检验，还是深化学生认知、提升学习效率的关键步骤。教师应精心设计富有针对性、挑战性和开放性的课后作业，引导学生将课堂所学知识迁移运用到实际问题情境中，在解决问题的过程中加深对知识的理解和内化。

课后作业的设计应紧密围绕教学目标，突出重点、兼顾难点。教师可以根据学生的认知水平和学习特点，提供多层次、多角度的作业内容，满足不同学生的学习需求。同时，课后作业应体现开放性和探究性，鼓励学生从多个视角分析问题、提出假设、尝试解决方案，培养其批判性思维和创新意识。例如，在学习“生态系统”相关内容后，教师可以要求学生针对身边的某个生态系统，如学校的小花园或家中的鱼缸，观察其中生物种类、数量及相互关系，分析该生态系统的结构特征和稳定性，并提出维护生态平衡的建议。这样的作业设计不仅能巩固学生对生态系统概念的理解，还能培养其运用所学知识分析、解决实际问题的能力。

课后作业的形式应多样化，避免单一、枯燥的题海战术。教师可以灵活运用读书笔记、思维导图、实验报告、小组讨论和情景剧表演等多种形式，调动学生多感官、全方位参与，提高学习兴趣和主动性。

教师还应重视课后作业的反馈与评价。采用作业批改、学生自评互评等方式，及时发现学生在巩固运用知识过程中存在的问题，有针对性地给予指导和帮助。教师还可以将优秀作业成果在课堂上展示，表扬学生的进步和创新，以激励他们保持学习热情，持续深入探究。

四、翻转课堂在高等教育中的优势与挑战

在知识传授方面，翻转课堂打破传统课堂教学的时空限制。学生可以通过观看教师提供的教学视频、阅读相关资料等方式，在课前完成对基础知识的自主学习。这种学习方式让学生能够根据自己的学习节奏和接受能力，反复观看和思考教学内容，加深对知识点的理解和掌握。同时，学生在自主学习的过程中遇到疑惑时，能够通过与教师、同学的交流讨论得到及时解答，促进知识的内化吸收。

在能力培养方面，翻转课堂为学生提供更多动手实践、讨论交流的机会。传统课堂教学往往以教师讲授为主，学生被动接受知识，缺乏互动和参与的机会。而在翻转课堂中，教师更多地扮演引导者和协助者的角色，鼓励学生通过小组合作、案例分析和问题探究等多种形式，深入思考和应用所学知识。在这一过程中，学生的批判性思维、创新意识、沟通表达、团队协作等关键能力都能够得到有效的锻炼和提升。

从学习效果来看，翻转课堂有助于提高学生的学业成绩和综合素质。很多研究表明，与传统教学模式相比，翻转课堂能够显著提升学生对课程内容的掌握程度，培养其自主学习的习惯，激发其学习动机和兴趣。同时，翻转课堂能够促进师生之间、学生与学生之间的交流互动，营造良好的学习氛围，增强学生的归属感和成就感。这些都为学生的全面发展奠定坚实的基础。

推行翻转课堂教学也面临着一些挑战。一方面，教师需要投入大量时间和精力录制教学视频、设计教学活动，这对教师的信息技术应用能力和教学设计能力提出更高的要求。另一方面，学生在自主学习过程中可能会遇到自控力不足、学习动机不高等问题，需要教师加强引导和管理。此外，翻转课堂的顺利开展还需要学校为师生提供必要的硬件设施和技术支持，如多媒体教室、在线学习平台等。

五、翻转课堂实施策略

（一）加强教师培训，提升教师实施翻转课堂的能力

翻转课堂对教师的教学理念、课程设计和信息技术应用等方面提出更高的要求。教师需要转变传统的“满堂灌”思维定式，树立“以学生为中心”的教

学理念；要掌握微课视频制作、在线学习平台应用等信息化教学手段；要能够巧妙设计课前、课中、课后的教学活动，引导学生自主探究、协作交流。这些都离不开系统、持续的教师培训。学校应定期组织教学研讨、经验分享等活动，搭建教师学习和交流的平台；引入先进的教学理念和技术成果，拓宽教师的视野；建立教学质量评估和激励机制，调动教师参与培训、改进教学的积极性。只有不断提升教师的专业能力，翻转课堂才能落地生根、开花结果。

（二）完善翻转课堂的配套措施

实施翻转课堂需要丰富的教学资源、便捷的学习平台、灵活的教室环境等硬件支持。学校应加大投入，建设在线开放课程、精品资源共享课等优质教学内容；完善网络教学平台功能，为师生互动、在线测评提供便利；改造传统课室布局，增加移动家具、电子白板等设施，营造讨论和交流的氛围。还要优化教务管理和考核评价制度，为翻转课堂创造良好的软环境。传统的固定课表、统一考试往往难以适应翻转式教学，学校应在课程设置、学分管理和成绩评定等方面给予更大的灵活性，鼓励教师因材施教、学生个性发展。建章立制，强化保障，方能为翻转课堂营造良好的生态，实现可持续发展。

（三）加强理论研究，总结推广典型经验

翻转课堂在国内高校仍处于探索阶段，实践中存在诸多不确定因素。开展翻转课堂的理论研究，深入剖析其内在机理、设计原则和实施路径，建构科学的理论指导体系，对于优化实践具有重要价值。同时，高校应重视提炼、总结翻转课堂改革过程涌现的优秀案例，提升典型经验的示范引领作用。采用案例解析、交流研讨等方式，分享翻转课堂的成功做法，剖析存在的不足，凝聚教学共识，才能推动这一新生事物的长远发展。

第四章 高等教育教学中的创新教育与创业教育

第一节 创新教育与创业教育

一、创新教育概述

（一）创新教育的定义和内涵

创新教育是一种培养学生创新意识、创新思维和创新能力的教育理念和实践模式。它不同于传统的应试教育，更加注重学生个性化发展和综合素质的提升。创新教育的内涵丰富，涵盖创新精神、创新思维和创新实践等方面。

创新精神强调要培养学生勇于探索、敢于质疑、善于思考的品格，鼓励学生打破常规、挑战权威，形成独立自主、富有个性的思想。这种创新精神不仅体现在学习和研究中，还体现在生活和工作的方方面面。拥有创新精神的学生，能够以开放包容的心态看待世界，以积极进取的态度应对挑战，成为引领社会进步的主力军。

创新思维要求学生突破固有的思维定式，运用多元化的思维方式分析问题、解决问题。这种思维方式包括发散性思维、逆向思维和类比思维等，强调从多角度、多层次探索事物的内在联系，寻求创新性的问题解决方案。在创新教育中，教师应引导学生掌握各种创新思维技能，鼓励其大胆假设、勇于尝试，在不断探索中提升创新思维能力。

创新实践强调在实践中学习，在实践中创新，注重培养学生动手操作、实际应用的能力。在创新实践活动中，学生需要运用所学知识，设计方案，动手实验，总结经验，在反复试错中掌握创新的方法和技巧。这一过程不仅能够巩固理论知识，还能激发学生的创新灵感，提升其解决问题的能力。创新实践还能培养学生吃苦耐劳、坚韧不拔的意志品质，为其未来的创新创业奠定坚实的基础。

（二）创新教育的特点

1. 开放性

创新教育强调学习过程的开放性，鼓励学生打破思维定式，突破学科界限，广泛吸收多领域知识。这种开放性不仅体现在知识获取的广度上，还体现在思维方式的灵活性和多样性上。在开放的学习环境中，学生能够自由探索未知领域，提出新颖独特的见解，激发创造性思维的萌发。

2. 探索性

创新教育注重培养学生的探索精神，鼓励学生勇于质疑、善于发现问题。在探索的过程中，学生需要运用批判性思维，挑战既有观念，突破思维惯性，并提出新的假设和疑问。这种探索性思维能够帮助学生深入事物本质，洞察问题的症结所在，为创新性解决方案的提出奠定基础。同时，探索性学习能培养学生的好奇心和求知欲，激发其内在学习动机，使其成为学习的主人。

3. 实践性

创新教育强调知行合一，注重在实践中培养创新能力。只有在实践中运用所学知识和技能，学生才能真正理解和掌握创新的方法和策略。在实践探索中，学生需要将理论与实际相结合，在反复试错中总结经验教训，逐步形成创新性思维和解决问题的能力。实践性学习还能培养学生的动手能力、团队协作能力等关键能力，为其未来创新创业奠定基础。

二、创业教育的内涵

从知识层面来看，创业教育不仅要向学生传授创业所需的专业知识和技能，如市场调研、商业规划、财务管理等，还要帮助学生了解创业的基本规律和发展趋势，掌握创业过程中常见问题的解决策略。通过系统的理论学习，学生能够建立起完整的创业知识体系，为未来的创业实践奠定坚实的基础。

从能力层面来看，创业教育的核心是培养学生的创业能力，包括机会识别能力、资源整合能力、团队组织能力及风险管理能力等。在教学过程中，教师应设计丰富多样的实践活动，如创业计划书撰写、创业模拟实训、创业案例分析等，为学生提供动手实践的机会。通过亲身体验创业的全过程，学生能够掌握创业所需的关键技能，提升创业能力。同时，创业教育应重视学生创新思维和创造能力的培养，鼓励学生打破常规、勇于尝试，以创新的视角审视商业机会，开发新颖独特的创业项目。

从价值层面来看，创业教育肩负着塑造学生正确创业价值观的重任。在创业教育中，教师应引导学生树立诚信经营、社会责任和可持续发展等理念，强调创业不仅是个人事业的追求，还是服务社会、创造价值的过程。通过创业伦理和社会责任感的培养，学生能够在创业过程中坚持正确的价值取向，在追求经济效益的同时实现自身价值和社会价值的统一。

三、创新创业教育与专业教育的融合

随着社会经济的快速发展和产业结构的不断升级，社会对创新型、复合型人才的需求日益增加。高校作为人才培养的主阵地，必须主动适应这一趋势，将创新创业教育与专业教育有机结合，培养具备专业知识、创新意识和创业能力的高素质人才。

创新创业教育与专业教育的融合，要求教师在传授专业知识的同时，注重培养学生的创新精神和创业意识。教学内容应紧密结合专业特点，引入创新创业元素，激发学生的好奇心和探索欲。利用设置开放性问题、组织创新实践活动等方式，鼓励学生发现问题、分析问题和解决问题，提升其创造性思维和动手实践能力。同时，教师应引导学生关注行业发展动态，了解市场需求变化，可以培养其敏锐的商业洞察力和风险意识。

课程体系的优化是推进创新创业教育与专业教育融合的重要途径。高校应重构课程体系，合理设置创新创业必修课和选修课，为学生提供系统的创新创业知识和技能训练。专业课程教学大纲中要体现创新创业教育的要求，适当增加研究性学习、项目实践等环节。还可以开发跨学科、跨专业的创新创业课程，打破学科壁垒，促进不同专业学生的交流与合作，激发创新火花。

构建“双创”实践平台是深化创新创业教育与专业教育融合的有效抓手。高校应搭建各类创新创业实践平台，如创业孵化基地、大学生创新创业训练中心等，为学生提供实践锻炼的机会。鼓励学生积极参与各级各类创新创业竞赛，在实践中强化专业技能，检验创新创业成果。学校还要加强与企业、科研院所的合作，建立产学研用一体化的协同育人机制，为学生创造更多的实习实践、项目研发机会。

师资队伍建设是推进创新创业教育与专业教育深度融合的基础保障。高校要加强“双师型”教师队伍建设，提高教师的创新创业教育教学能力。鼓励教师深入一线，参与创新创业实践，积累实战经验。学校还要完善教师评价和激励机制，将指导学生创新创业实践作为教师考核的重要内容，调动教师投身创新创业教育的积极性。同时，要引进和培养一批创业导师，为学生创业提供专业指导和咨询服务。

四、创新创业教育对高校人才培养模式的影响

创新创业教育突破学科专业的界限，强调跨学科、跨领域的知识整合与应用，培养学生的创新意识、创业精神和实践能力。这就要求高校在人才培养方案设计、课程体系构建和教学内容安排等方面进行系统性变革，建立起适应创新创业教育需求的人才培养新模式。

创新创业教育倡导以项目为导向、以团队为单位的教学组织形式，注重学生主体性和自主性的发挥。这就要求教师转变教学理念，由“教”为主转向“导”为主，成为学生学习的引导者、合作者和促进者。同时，高校需要搭建创新创业实践平台，为学生提供真实的创新创业体验，培养其在实践中发现问题、分析问题和解决问题的综合能力。

创新创业教育强调产学研用的深度融合，重视高校与企业、科研机构、地方政府等多方协同育人。这就要求高校主动对接经济社会发展需求，与各类创新创业资源广泛开展合作，构建校企共建、校地共育、校所共研的协同育人新机制。通过将创新创业教育与产业发展、科技进步、社会需求紧密结合，不断提升人才培养的针对性和适应性。

创新创业教育的渗透还带动了高校教育教学范式的创新。传统的“以教为中心”的教学范式日益让位于“以学为中心”的学习范式，学生成为学习的主体、教师成为学习的促进者，不断涌现出互动性、体验性、个性化的教学方式。同时，创新创业教育对高校的考核评价体系提出新的要求，单纯的知识考查已不再适应，需要建立过程性评价与终结性评价相结合、定量评价与定性评价相结合的综合评价体系，全面考查学生的创新意识、创业能力和实践水平。

五、创新创业教育对个人发展的意义

（一）有助于提升个人核心竞争力

创新创业教育有助于培养学生的创新思维和创业能力。在教学过程中，教

师应该引导学生打破思维定式，鼓励其从多角度、多维度分析问题，提出新颖独到的见解。同时，教师应该为学生提供实践创新创业的机会，如组织创新创业大赛、开设创业实践课程等，让学生在实践中锻炼创业技能，积累创业经验。通过系统的创新创业教育，学生能够形成敏锐的洞察力、缜密的逻辑思维和勇于尝试的探索精神，这些都是其未来成长为创新型人才的重要基础。

创新创业教育有利于增强学生的就业竞争力。在当前就业形势下，单纯依靠专业知识已经难以满足用人单位的需求。相比之下，具有创新意识和创业能力的复合型人才更受青睐。借助创新创业教育，学生能够掌握创业所需的管理、营销、财务等知识，提高解决实际问题的能力。即使不选择自主创业，这些知识和能力也能够为其就业提供更多可能，增强其在人才市场上的竞争力。创新创业教育的实践经历还能够磨砺学生的意志品质，培养其吃苦耐劳、坚韧不拔的创业精神，这些宝贵的品格将成为其职业生涯发展的重要助力。

（二）促进个人全面发展

创新创业教育不仅能够帮助学生掌握创新创业所需的知识和技能，还能够培养学生的创新精神、创业意识和实践能力，为其未来的职业发展奠定坚实的基础。

从知识层面来看，创新创业教育为学生提供系统的创新创业理论知识和实践指导。通过学习创新思维、创业管理、市场营销等课程，学生能够掌握创新创业活动的基本规律和方法，了解企业运作的各个环节，为将来开展创新创业实践做好知识储备。同时，创新创业教育注重培养学生的前瞻性思维和战略眼光，引导其关注市场动向，捕捉商机，为创新创业实践提供智力支持。

从能力层面来看，创新创业教育是培养学生实践能力的重要途径。在教学过程中，教师利用设置创新创业项目，组织创业计划大赛等实践活动，为学生提供将理论知识转化为实践能力的机会。学生在参与这些活动的过程中，不仅能够锻炼动手操作能力，提高解决实际问题的能力，还能够培养团队协作意识，提升沟通表达、组织管理等综合素质。这些能力的提升，对于学生未来的职业发展和社会适应都具有重要意义。

从价值观念层面来看，创新创业教育有助于塑造学生正确的人生观和价值观。在创新创业实践中，学生往往会遇到各种困难和挫折。克服这些困难需要学生具备吃苦耐劳的品质、坚韧不拔的意志和勇于承担风险的勇气。同时，创新创业活动让学生深刻认识到诚信、责任、法治等价值理念的重要性。这些宝贵的品格和价值观念，将成为学生人生发展的指路明灯，引领其走向成功。

（三）为个人职业生涯发展奠定基础

从知识层面来看，创新创业教育为大学生提供全面系统的知识储备。通过创新创业课程的学习，学生能够掌握创新思维方法、创业管理知识及市场运作规律等理论知识，了解国内外创新创业发展的最新动态和前沿趋势。这些知识不仅拓宽了学生的视野，还为其未来职业发展奠定坚实的理论基础。无论是自主创业还是在企业就业，扎实的知识储备都是立身之本，是个人核心竞争力的重要组成。

从能力层面来看，创新创业教育着重培养大学生在职业发展中所需的关键能力。一是创新能力。创新是引领社会进步和个人成长的第一动力。在创新创业教育中，学生通过参与创新设计、创业计划等实践项目，锻炼独立思考、敢于质疑的创新意识，提升发现问题、分析问题、解决问题的创新能力。二是创业能力。随着“大众创业、万众创新”的深入推进，越来越多的大学生选择自主创业。创业是一项富于挑战性的系统工程，需要全面的综合素质。创新创业教育通过创业实训、创业模拟等形式，训练学生的风险意识、决策能力、执行力、领导力等创业所需的关键能力，为其成功创业奠定坚实的基础。三是就业能力。在当前供给侧结构性改革不断深化的背景下，用人单位对员工的要求越来越高，单一的专业知识已远远不能满足岗位需求。而创新意识、创业精神恰恰是现代企业极为看重的员工品质。创新创业教育培养的分析问题、解决问题、团队协作、组织管理等能力，能够帮助大学生在激烈的就业竞争中脱颖而出，赢得更大的职业发展空间。

从素质层面来看，创新创业教育注重提升大学生的综合素质和人文情怀。在创新创业实践中，大学生不仅要运用专业知识和实践技能，还需要较高的思想觉悟和社会责任感。借助创新创业教育，学生能够深化对社会主义核心价值观的理解和认同，树立正确的创新创业观、就业观、职业观，将个人发展与国家富强、民族复兴、人民幸福紧密结合，培养“敢为天下先”的家国情怀和“革故鼎新”的改革勇气。同时，创新创业教育极大地促进大学生的全面发展，增强其人生感悟力、社会适应力、心理调适力，为走向职场、走向社会做好充分准备。

第二节 创新教育与创业教育的目标与内容

一、创新教育在高等教育中的目标设置

（一）培养学生的创新意识

创新意识是指敢于打破常规、勇于探索未知、追求创造性成果的意识和精神状态。它是创新能力形成和发展的基础，也是推动社会进步和科技发展的重要动力。在高等教育教学中，培养学生的创新意识对于提升人才培养质量、服务国家创新驱动发展战略具有重要意义。

在高校学生中培养创新意识，需要营造鼓励创新、宽容失败的制度环境和文化氛围。学校应该完善相关制度，在人才选拔、课程设置和教学管理等方面为创新教育提供制度保障。同时，学校应该大力弘扬创新文化，宣传创新典型，树立创新标杆，让创新成为校园文化的主旋律。在这样的环境中，学生才能感受到创新的价值，激发创新的动力，敢于挑战权威、怀疑常识、追求卓越。

培养创新意识需要引导学生树立科学的世界观和方法论。创新源于好奇心和求知欲，源于对未知领域的探索和对已有认识的超越。因此，教师应培养学生发现问题、质疑权威的意识，引导学生掌握批判性思维和创新性思维的方法，拓宽学生的知识视野和思维空间。采用探究式、发现式等教学方法，鼓励学生主动思考、自主探索，在亲身实践中体验创新的艰辛和乐趣，内化创新意识。

（二）提高学生的创新能力

在知识经济时代，创新已经成为国家和地区竞争力的决定性因素，培养具有创新意识和创新能力的高素质人才，已经成为世界各国高等教育改革的重点。我国高等教育肩负着为社会主义现代化建设培养创新型人才的重任，必须把创新教育摆在更加突出的位置。

培养创新能力需要搭建多样化的创新实践平台。创新不是纸上谈兵，而需要在实践中不断尝试、总结、优化。学校应为学生提供丰富的课内外创新实践机会，如开展大学生创新创业训练计划、学科竞赛、科研立项等活动，设置创

新学分，将创新实践纳入人才培养体系。同时鼓励学生参与科研项目、发明专利、创办企业等，在实践磨砺中提升创新意识和创新能力。

（三）塑造学生的创新人格

创新人格强调培养学生敢于冒险、勇于挑战、坚韧不拔的品质，塑造其独特的创新个性。这种创新人格不仅有助于学生在学习和生活中表现出更高的主动性和创造力，还为其未来的发展奠定重要基础。

创新意味着挑战现状、突破常规，需要具备无畏的探索精神和坚定的意志品质。创新教育应着力培养学生的冒险意识，鼓励其大胆质疑、勇于尝试，敢于走前人未曾涉足的道路。面对困难和挫折，创新者必须具有不屈不挠的意志和持之以恒的毅力。创新教育要引导学生正确看待失败，将其视为成长的阶梯而非绊脚石，培养其百折不挠、永不言弃的品格。同时，创新需要独特的思维方式和解决问题的能力。创新教育应注重发展学生的批判性思维和创造性思维，培养其敏锐的洞察力和广阔的想象力，提高其分析问题、解决问题的能力。

塑造创新人格需要营造鼓励创新、宽容失败的教育环境。教师应成为学生创新的引路人和支持者，为其提供充分的自主探索空间，营造民主、平等、互信的师生关系。课程设置应突出开放性和挑战性，激发学生的好奇心和求知欲。评价机制应注重过程性评估，关注学生在创新实践中的表现和进步，而非只看重结果和成绩。同时，学校应搭建多样化的创新实践平台，如学科竞赛、科技创新项目等，为学生提供展示才华、锻炼能力的机会。

创新人格的塑造还需要丰富的人文底蕴和社会责任感作为支撑。创新教育应加强人文素养教育，帮助学生建立正确的价值观念，提升其文化品位和艺术修养。同时，要引导学生关注社会现实，用创新成果服务人民、奉献社会，将个人理想与国家需要、民族复兴紧密结合起来。只有如此，创新人格才能获得持久的动力源泉，创新才能真正成为推动社会进步的强大力量。

二、创业教育在高等教育中的目标规划

（一）普及创业知识

创业知识涵盖创业过程中所需的各种理论知识和实践技能，如创业机会识

别、商业模式设计、市场调研、财务管理、团队建设等。只有掌握了这些知识，大学生才能更好地应对创业过程中的各种挑战，提高创业成功率。

高校可以通过开设创业课程的方式，系统地向大学生传授创业知识。这些课程应涵盖创业的各个环节和领域，既要有理论高度，又要有实践深度。例如，在创业机会识别方面，课程应向学生介绍如何通过环境分析、市场调研等方法发现创业机会；在商业模式设计方面，课程应教授学生如何根据自身资源和市场需求，设计出可行的盈利模式；在财务管理方面，课程应传授学生创业过程中的资金筹措、成本控制和风险管理等知识。

除了创业课程，高校还可以通过举办创业讲座、论坛等形式普及创业知识。邀请成功创业者、创业导师等各界人士来校分享创业经验，解析创业案例，对大学生的创业意识培养和知识积累大有裨益。这些活动不仅能够拓宽学生的创业视野，激发其创业热情，还能让学生直观地了解创业的全过程，吸取他人的成功经验和失败教训。

鼓励学生参与创业实践，也是普及创业知识的重要途径。高校可以搭建大学生创业平台，为学生提供创业场地、资金支持、指导服务等，引导学生在实践中学习创业知识、积累创业经验。例如，学生可以通过参加创业大赛、创业项目孵化等活动，将所学知识应用于实践，在实践中发现问题、解决问题，在磨砺中提升自己的创业能力。

需要强调的是，创业知识的普及需要一个循序渐进、持续深入的过程。高校应根据学生的认知特点和成长规律，设计科学、系统的创业知识教育方案。既要做好顶层设计，将创业教育纳入人才培养体系，又要注重因材施教，为不同专业、不同层次的学生提供差异化的创业知识服务。只有形成全员、全过程、全方位的创业知识普及格局，才能真正提高大学生的创业意识和创业能力。

（二）提升创业技能

通过系统的创业教育，学生能够掌握商业计划书撰写、市场调研、财务管理等创业必备技能，为未来成为成功的创业者奠定坚实的基础。

1. 商业计划书

商业计划书是创业者的“路线图”，它清晰地描绘出创业项目的市场定位、运营模式、盈利方式等关键要素。在创业教育中，教师应当引导学生深入了解商业计划书的内容结构和写作技巧，帮助其将创意转化为可行的商业方案。学生需要学会如何准确定位目标市场，分析行业竞争态势，设计独特的价值主张，并制定切实可行的营销策略。通过反复练习和修改，学生能够掌握撰写高质量商业计划书的能力，这不仅有助于学生参加创业大赛、申请创业基金，还能为未来的创业实践提供指导。

2. 市场调研

创业者需要深入了解目标市场的需求特点、消费习惯、购买行为等，才能制定出契合市场需求的产品或服务。在创业教育中，教师应当传授学生各种市场调研方法，如问卷调查、深度访谈和焦点小组等，引导其走出课堂，深入市场一线开展调研。通过亲身实践，学生能够掌握收集、分析市场信息的技能，洞察消费者的真实需求，为创业项目的定位和设计提供科学依据。同时，在市场调研过程中，学生能锻炼沟通表达、团队协作等能力，这对于其未来的创业发展也大有裨益。

3. 财务管理

创业初期，资金往往十分紧张，稍有不慎就可能陷入财务危机。因此，创业教育必须重视财务管理能力的培养，帮助学生建立起正确的财务管理意识。学生需要学习如何编制财务预算，控制成本支出，优化资金配置，确保创业项目的现金流稳健。创业教育还应当传授学生各种融资渠道和方法，如风险投资、天使投资、众筹等，帮助其拓宽创业资金来源。利用系统的财务管理训练，学生能够合理配置有限的创业资源，驾驭财务风险，为创业项目的可持续发展提供保障。

（三）鼓励创业实践

创业教育不能仅停留在理论知识的传授层面，更需要通过创业项目、创业大赛等实践活动，为学生提供真实的创业情境，让其在实践中检验所学知识，提升创业技能。

在创业项目实践中，学生需要根据市场需求，提出创业想法，制订可行的商业计划，并付诸实施。这一过程不仅考验学生对创业理论知识的掌握程度，还能锻炼其市场洞察力、资源整合力、团队协作力等综合素质。通过亲身参与创业实践，学生能够更加深刻地理解创业过程的复杂性和不确定性，体会创业者所面临的机遇与挑战，从而增强创业意识，提高创业能力。

创业大赛则是集中展示大学生创业成果、交流创业经验的重要平台。参加创业大赛，学生不仅能够检验自己的创业项目，还能借鉴其他团队的成功经验，从评委和投资人那里获得专业指导和资源支持。这种同台竞技、互学互鉴的氛围，有利于激发学生的创业热情，营造良好的创业文化，为创业人才的脱颖而出提供机会。

创业实践还能帮助学生积累宝贵的创业经验。创业往往是一个反复试错、不断优化的过程，只有在实践中不断摸索、总结，才能真正掌握创业的规律和方法。通过创业项目和创业大赛，学生能够在实战中锻炼创业技能，积累创业经验，这些都将成为其未来创业道路上的宝贵财富。

创业实践应该建立在扎实的理论学习基础之上。盲目的实践不仅难以取得良好效果，还可能给学生带来挫折和损失。因此，在开展创业实践的同时，教师还应加强对学生的指导和服务，帮助其厘清创业思路，规避创业风险，确保创业实践活动的针对性和实效性。

三、创新教育的主要内容

（一）创新课程体系

在高等教育中，课程是教与学活动的主要载体，它直接影响着教学内容、教学方式乃至人才培养质量。因此，建设富有创新性和挑战性的课程体系，对于激发学生的创新意识、培养学生的创新能力具有重要意义。

创新课程体系应该突破传统学科界限，体现学科交叉融合的特点。目前，许多重大科学问题和现实挑战已经超越单一学科的视野，需要多学科知识的综合运用。创新教育必须顺应这一趋势，打破学科壁垒，促进不同学科之间的对话与融合。一方面，可以开设跨学科的综合性课程，如“科学技术与社会”“现代科技前沿”等，帮助学生形成宏观的知识视野；另一方面，要鼓励不同学科的教师合作教学，共同探讨交叉学科的前沿问题，引导学生进行跨学科的创新实践。

创新课程体系应该强调理论与实践的紧密结合。创新能力的形成离不开扎实的理论基础，但更需要在实践中得以锻炼和提升。因此，在课程设置上，既要注重基础理论知识的传授，又要为学生提供充足的实践机会。例如，可以开设创新创业实践课程，引导学生将所学知识应用到实际问题的解决中；又如，可以与企业合作，为学生提供创新项目实训的平台，让他们在真实的创新实践中积累经验、提升能力。借助理论与实践的有机结合，学生能够深化对知识的理解，提高分析问题、解决问题的能力。

创新课程体系还应该突出以学生为中心的教学理念。传统的课程教学往往以教师为中心，学生被动地接受知识灌输，缺乏主动探索和创造的机会。而创新教育必须尊重学生的主体地位，激发其内在的创新潜能。因此，在课程设计和教学实施中，教师应该转变角色定位，由知识的传授者转变为学习的引导者、创新的促进者，要为学生提供更多自主学习、自主探究的空间，鼓励其提出新颖的问题、开展原创性的研究。同时，教师应该注重个性化教学，根据学生的兴趣特长和发展需求，为其提供差异化的指导和支持，帮助其找到适合自己的创新发展路径。

（二）创新实践活动

开展创新实践活动，需要遵循创新教育的规律，立足学生的兴趣和特点，精心设计活动内容和形式，充分调动学生的主动性和积极性。

从活动内容来看，创新项目是创新实践活动的核心。教师应根据学科前沿动态和社会发展需求，设计具有挑战性和前瞻性的创新项目，引导学生运用所学知识解决实际问题。在项目实施过程中，教师要注重对学生科学性思维和创新方法的指导，鼓励学生大胆假设、勇于质疑，培养其独立思考和批判性思维的能力。同时，创新项目应强调理论与实践的结合，引导学生在动手操作中加深对知识的理解，在解决问题中提升创新能力。

创新大赛是激发学生创新热情、展示创新成果的重要平台。教师应积极组织学生参加各级各类创新大赛，通过与其他高校学生的交流切磋，拓宽学生视野，激发其创新灵感。在备赛过程中，教师要加强对参赛项目的指导，帮助学生完善创意、优化方案，提高作品的创新性和实用性。对于获奖项目，学校还应提供后续的支持，鼓励学生将创意转化为现实生产力，实现创新成果的转化应用。

创新工作坊是开展创新实践活动的重要载体。学校应建立健全创新工作坊的运行机制，为学生提供良好的创新实践环境。创新工作坊应配备先进的仪器设备和专业的技术指导，满足学生开展创新实践的需求。创新工作坊还应搭建产学研用协同创新平台，吸引企业和科研机构参与，为学生的创新实践提供项目支持和资源共享。学生在创新工作坊中，可以根据自己的兴趣和专长组建创新团队，开展自主、合作、探究式学习，在协作攻关中提升创新实践能力。

从组织形式来看，创新实践活动应采取灵活多样的方式，充分尊重学生的个性发展需求。学校可以采取项目驱动、案例分析、头脑风暴等方式，激发学生的创新思维；也可以通过科技节、创客马拉松、创新创业论坛等形式，营造浓厚的创新文化氛围。对于不同学科专业的学生，学校还应开展特色鲜明的创新实践活动，突出学科优势和专业特点。例如，理工类学生可以开展机器人大赛、程序设计大赛等，人文社科类学生可以举办创意写作大赛、社会调查项目等。

(三) 创新教学方法

传统的“填鸭式”教学模式已经难以适应新时代人才培养的需求，教师必须主动创新教学方法，营造良好的创新氛围，引导学生在学习过程中培养创新意识、创新能力。

讨论式教学是培养学生创新能力的有效途径。教师通过组织学生开展小组讨论、辩论等活动，鼓励其畅所欲言、互相启发，在思想的交流碰撞中产生创新的火花。例如，在探讨社会热点问题时，教师可以引导学生从不同角度分析问题，提出自己独特的见解，并与他人开展讨论辩论。这一过程不仅能够拓宽学生的知识视野，还能锻炼其批判性思维和创新性思维。

参与式教学强调学生的主体地位，鼓励其主动参与到教学活动中来。教师可以采用项目学习、案例分析等方式，让学生在实践中学习知识、培养能力。例如，在进行创业教育时，教师可以组织学生开展创业项目设计，引导其运用所学知识解决实际问题，在创业实践中提升创新能力。这种“做中学”的教学方法，能够有效提高学生学习的主动性和参与度，使其在知识运用和创新实践中获得成长。

现代信息技术的发展也为创新教学方法提供了广阔空间。教师可以利用多媒体、虚拟仿真等技术手段，创设生动形象的教学情境，激发学生的创新灵感。例如，在艺术设计专业教学中，教师可以运用 VR 技术，让学生身临其境地感受设计作品，从多个维度、多个角度去思考设计理念，激发创意思维。信息技术与教学的深度融合，能够为学生提供更加丰富多彩的学习体验，有效促进其创新能力的提升。

四、创业教育的主要课程内容与实践活动

（一）创业基础课程

创业基础课程通过系统地传授创业相关的理论知识，帮助学生建立创业思维模式，掌握创业实践技能，为将来成为优秀的创业者奠定坚实的知识基础。

创业学概论从宏观层面介绍创业的内涵、特征、过程等基本概念，揭示创业活动的一般规律和基本原理。借助学习创业学概论，学生能够全面了解创业的内在逻辑和外在环境，认识创业过程中可能面临的机遇与挑战，树立正确的创业价值观。这门课程还注重培养学生的战略思维能力，引导其从长远角度审视创业机会，制订创业计划，规避创业风险。可以说，创业学概论为学生迈向创业之路铺平道路，指明方向。

创业机会识别课程着眼于创业实践的起点，即如何发现和评估商业机会。一个优秀的创业者需要敏锐的洞察力，能够在纷繁复杂的外部环境中捕捉商机，并对其进行全面分析和论证。创业机会识别课程通过丰富的案例教学，训练学生发现问题、分析问题、解决问题的能力。学生采用课堂研讨、小组项目等方式，学习运用各种工具和方法评估创业机会的可行性，包括市场分析、竞争分析、财务分析等。这一过程不仅锻炼学生的创业技能，还提高其决策水平和风险意识。

优秀的商业模式能够为企业带来持续的竞争优势，实现价值创造和价值获取。商业模式设计课程帮助学生深入理解商业模式的内涵、要素和类型，掌握商业模式创新的一般方法。通过对标杆企业商业模式的剖析，学生能够领悟到商业模式设计的精髓所在，学习如何针对细分市场设计独特的价值主张，构建高效的盈利模式。同时，这门课程注重培养学生的创新思维和设计能力，鼓励其打破固有思维模式，探索全新的商业模式。

（二）创业实践课程

创业实践课程对于提升大学生创业能力、培养创新型人才具有重要意义。开设创业项目管理、创业财务管理、创业营销等实践性课程，可以帮助学生将理论知识转化为实际操作技能，增强其创业实践经验。

在创业项目管理课程中，学生可以学习如何选择创业项目、编制商业计划

书、组建创业团队、开展市场调研等内容。采用案例分析、小组讨论、模拟实训等教学方式，学生能够深入了解创业过程中的关键环节，掌握项目管理的基本方法和工具。这不仅有助于锻炼学生的决策能力、执行能力和领导力，还能培养其敏锐的商业洞察力和严谨的工作态度。

创业财务管理课程则侧重于教授学生财务知识和技能，如资金筹措、成本控制、财务报表分析等。通过真实的创业案例和财务报表，学生可以深入理解创业过程中的资金流动和风险管控，学会合理配置有限的财务资源。同时，课程应加强学生的财务道德和职业操守教育，引导其树立诚信经营、依法纳税的意识。只有夯实财务管理基础，才能为创业项目的可持续发展提供有力保障。

创业营销课程主要培养学生的市场开拓能力和营销实战技能。课程应重点讲授市场定位、营销策略、品牌推广、客户管理等内容，帮助学生掌握有效的营销手段和方法。通过角色扮演、实地考察、竞赛等体验式教学，学生可以亲身感受创业营销的挑战和乐趣，提高应变能力和抗压能力。课程还应注重培养学生的创新意识和创业家精神，鼓励其探索新颖的营销模式，勇于开拓细分市场，以差异化战略赢得竞争优势。

（三）创业实践活动

1. 创业大赛

创业大赛是激发大学生创业热情、展示创业成果的重要舞台。在创业大赛中，学生可以将自己的创业项目、创业计划书进行公开展示和答辩，接受评委和观众的点评和建议。这一过程不仅能够锻炼学生的表达能力、应变能力，还能够帮助其查找项目中存在的不足，改进创业方案。同时，优秀的创业项目可以通过大赛获得投资人的青睐，为项目的进一步孵化和实施提供资金支持。

2. 创业训练营

创业训练营是提升大学生创业技能、培养创业思维的重要阵地。在创业训练营中，学生可以系统学习创业知识，如商业模式设计、市场调研、财务管理等，掌握创业过程中需要运用的各种方法和工具。同时，训练营会邀请创业成功者、创业导师现身说法，分享创业经验，解答学生疑惑。借助理论学习和实战演练相结合，学生的创业意识和能力得到全面提升。

3. 创业孵化器

创业孵化器是支持大学生创业项目落地、加速成长的重要平台。创业孵化器为学生提供办公场地、共享设备、网络支持等硬件设施，以及创业辅导、法律咨询、财税服务等软性服务。在这里，学生可以专注于创业项目的研发和运营，与其他创业团队交流学习，共同成长。优秀的创业项目还可以获得天使投资、风险投资等进一步的资金支持，加速项目的成长和发展。

高校开展创业实践活动要坚持以学生为中心，尊重学生的主体地位和个性化需求。高校要根据学生的专业背景、兴趣爱好，开发多样化、个性化的创业实践活动，满足不同学生的发展需要。还要充分发挥学生的主观能动性，鼓励学生自主设计、组织和开展创业实践活动，培养其自主创新、自我管理的能力。创业实践活动还要注重与理论教学、学科竞赛、科研训练等其他育人环节的有机结合，形成协同效应。例如，可以将创业教育融入专业课程教学之中，引导学生将专业知识转化为创业项目。

第三节　创新教育与创业教育中的师资与学生培养

一、高等教育中创新创业教育对教师的要求

（一）创新创业意识和实践经验

教师是创新创业教育的核心力量，其创新意识和创业实践经验直接影响着创新创业教育的质量和效果。当前，创新创业已经成为国家发展战略和高等教育改革的重要内容，对教师提出新的要求和挑战。教师要成为创新创业教育的引领者和推动者，必须树立创新意识，丰富创业实践经验，成为学生创新创业的榜样和指路明灯。

创新意识是教师开展创新创业教育的内在驱动力。创新意识包括创新精神、创新思维和创新能力等方面。具有创新意识的教师能够敏锐地捕捉教育教学中的新问题、新矛盾，主动探索新的教学模式和方法，不断优化教学内容和过程，激发学生的创新潜能。创新意识还要求教师勇于突破常规思维定式，以开放、包容的心态对待新生事物，鼓励学生大胆质疑、勇于尝试，在实践中探索创新之路。只有教师自身具备强烈的创新意识，才能潜移默化地影响学生，让创新

成为师生共同的价值追求。

创业实践经验是教师指导学生创新创业的关键所在。创业是一项复杂的系统工程，涉及市场研究、产品设计、团队组建、资源整合等环节。教师只有亲身参与创业实践，才能深刻理解创业的困难和挑战，体会创业者的心路历程，积累宝贵的经验教训。这些鲜活的创业体验将成为教师开展创新创业教育的“活教材”，让课堂教学更加贴近创业实际，为学生创业提供切实指导。教师还可以利用自身的创业实践经历，与学生分享创业故事、传授创业技能，帮助学生树立创业信心，提高创业成功率。

教师的创新意识和创业实践经验是相辅相成、缺一不可的。创新是创业的灵魂，创业实践又能反过来促进创新意识的生成与强化。具备“双创”素养的教师能够引领学生将创新思维与创业实践相结合，在解决实际问题和开发新产品新服务的过程中锻炼创新能力，实现创新价值。这种“教学做”一体化的创新创业教育模式，将极大地提升人才培养的针对性和有效性。

（二）创新创业教育理论与方法

要实现创新创业教育目标，教师必须掌握扎实的创新创业教育理论基础，并能灵活运用各种教学方法，引导学生积极参与创新创业实践。

作为创新创业教育的引路人，教师首先需要深入学习和研究创新创业教育的相关理论，包括创新创业教育的内涵、目标、模式等。只有在理论层面有深刻认识，才能在教学实践中做到有的放矢、游刃有余。教师要及时更新自己的知识结构，了解国内外创新创业教育的最新进展和前沿动态，借鉴成功经验，探索符合自身特点的教学路径。此外，教师应加强与企业、行业的联系，积极参与创新创业实践，提升自身的创业指导能力。

在教学过程中，教师要善于运用多种教学方法，调动学生的学习积极性。传统的灌输式教学难以激发学生的创新思维和创业热情，教师应转变教学理念，采用启发式、参与式、体验式等教学方式，引导学生主动思考、动手实践。例如，教师可以利用设置开放性问题、组织头脑风暴等方式，鼓励学生发散思维、提出新颖的创业点子；采用案例教学、角色扮演等方式，让学生亲身体验创业过程，提高其应变能力和风险意识；通过组织创新创业大赛、实践项目等，为学生提供将创意付诸实践的平台，培养其团队协作和组织管理能力。

教师还应注重创新创业教育与专业教育的深度融合。创新创业教育不是一门独立的课程，而应渗透到各专业人才培养的全过程。教师要引导学生立足专业、学以致用，将所学知识应用到创新创业实践中。例如，在工科专业教学中，教师可以指导学生开发新产品、优化生产工艺；在经管类专业教学中，教师可以带领学生调研市场、撰写商业计划书；在人文社科类专业教学中，教师可以鼓励学生发掘社会需求、设计创新服务项目。借助学科交叉和理论实践相结合，促进学生创新创业能力的全面提升。

（三）引导和激发学生创新创业潜能

教师要善于引导和激发学生的创新创业潜能，成为学生创新创业的引路人。这需要教师转变教育理念，树立创新创业教育意识，提升创新创业教学能力。在教学过程中，教师应精心设计教学内容，选取具有挑战性和启发性的创新创业案例，引导学生进行探究式学习。利用设置开放性问题，鼓励学生大胆质疑、勇于创新，激发他们的好奇心和想象力。同时，教师还要为学生搭建创新创业实践平台，提供实践机会，让学生在实践中锻炼创新创业技能，积累创业经验。

教师要成为学生创新创业的促进者和协调者。一方面，教师要充分发挥自身的专业优势和人脉资源，为学生的创新创业项目提供指导和支持。教师可以邀请行业专家、成功创业者来校交流分享，拓宽学生的视野，帮助学生把握创业机遇。另一方面，教师要协调学校、企业、社会等各方资源，为学生的创新创业活动提供必要的条件保障。通过与企业建立产、学、研合作关系，让学生参与真实的创新创业项目，在实践中提升创新创业能力。

教师要成为学生创新创业的引领者和塑造者。创新创业教育不仅要培养学生的创新思维和创业技能，还要塑造学生的创业精神和价值观念。教师要以身作则，展现创新创业的激情和勇气，感染和鼓舞学生。通过讲述创新创业历程中的心路历程和宝贵经验，引导学生正确认识创业中的困难和挫折，培养他们坚韧不拔、百折不挠的意志品质。同时，教师要引导学生树立正确的创业价值观，追求社会价值与经济价值的统一，在创造财富的同时肩负社会责任，回馈社会。

教师要与时俱进，不断更新创新创业教育理念和教学方法。在信息技术飞速发展的时代，教师要主动学习和运用新技术、新媒体，探索智慧教学模式。利用大数据、人工智能等技术手段，为学生提供个性化、精准化的创新创业教育服务。通过组建创新创业教育社群，与国内外高校、科研机构、行业组织开展交流合作，学习借鉴先进理念和成功经验，提升创新创业教育的国际化水平。

二、创新创业教育中教师的角色与职责

（一）教学组织者

在高等教育教学中，教师作为教学组织者，需要精心设计教学内容，合理安排教学进程，以实现课程目标和培养学生的综合素质。这是一个复杂且富有挑战性的过程，需要教师深入理解教学内容，把握教学规律，运用科学的教学方法，激发学生的学习兴趣和主动性。

教学内容设计是教学组织的核心环节。教师要全面把握课程标准和教学大纲，明确教学目标和重难点。在此基础上，教师要根据学生的认知特点和学习需求，选择恰当的教学内容，并进行合理的序化和结构化。好的教学内容设计应该具有科学性、系统性和挑战性，既要覆盖学科的基本知识和关键能力，又要体现学科的前沿动态和发展趋势。同时，教学内容还应与学生的生活实际和未来发展需要紧密结合，增强教学的针对性和实效性。

教学进程的合理安排是保证教学质量的重要环节。教师要根据教学内容的逻辑关系和学生的接受能力，科学规划教学进度，把握教学节奏。既要注重知识点的系统性和连贯性，又要给学生留有消化吸收的时间和空间。同时，教师还要有意识地设置一些探究性和开放性的教学环节，培养学生的创新意识和实践能力。

（二）资源整合者

教师作为创新创业教育的关键，需要转变传统的教育理念，将自身的角色定位为学生创新创业实践活动的资源整合者。这意味着教师不仅要传授知识，还要为学生的创新创业实践提供全方位的支持和指导。

教师要主动收集和整理创新创业相关的信息资源。在信息时代，海量的创新创业资讯和案例散布在各种渠道中，学生往往难以从中甄别出有价值的内容。教师应该充分利用自身的专业背景和社会资源，为学生筛选出真正有益于创新创业实践的信息，如最新的政策法规、成功的创业案例、可利用的社会资源等。同时，教师还要引导学生学会自主收集和分析信息，提高其信息素养。

教师要帮助学生获取和应用创新创业所需的技术资源。在创新创业实践中，学生常常需要运用各种专业技术和工具，如市场调研方法、产品设计软件、财务管理系统等。作为资源整合者，教师应该主动联系相关专业的技术人员，为学生的创新创业项目提供技术支持和培训。此外，教师还可以组织学生参与各类创新创业大赛和项目，让其在实践中学习和掌握最新的技术。

教师要努力为学生的创新创业实践争取资金支持。资金往往是制约学生创新创业的瓶颈因素。作为资源整合者，教师应该积极拓展融资渠道，为优秀的创新创业项目寻找天使投资、风险投资等社会资金支持。同时，教师还要指导学生合理使用和管理资金，提高其财务管理能力，确保创新创业项目的可持续发展。

教师还应发挥桥梁纽带作用，帮助学生获取其他创新创业实践所需的资源。例如，教师可以引荐企业家、投资人等为学生提供指导和帮助；协调相关职能部门为学生创新创业项目提供政策支持和服务便利；邀请行业专家为学生开设讲座和培训，拓宽其创新创业视野。总之，教师要尽最大努力整合各方资源，为学生创新创业提供保障。

三、创新创业教育中学生的角色与定位

（一）创新创业知识技能获得者

在创新创业教育中，学生作为教育的主体，需要掌握相关的知识和技能，为创新创业实践奠定坚实的基础。通过系统的创新创业课程学习和实践训练，学生能够深入理解创新创业的内涵和规律，把握创新创业活动的基本流程和方法，提升创新思维和创业能力。

从知识层面来看，学生需要学习创新创业相关的理论知识，包括创新思维方法、商业模式设计、市场调研与分析、产品开发与管理、财务管理、法律法规等。这些知识涵盖创新创业活动的各个环节，是学生成功开展创新创业实践的理论指导。通过系统学习，学生能够掌握创新创业的基本原理和方法，了解创新创业过程中可能遇到的问题和挑战，从而更有针对性地制定应对策略。

从技能层面来看，学生需要通过实践训练来锻炼和提升各种创新创业技能，如创意思维、市场洞察、产品设计、团队管理、商务谈判、项目策划等。这些

技能是创新创业活动的核心要素，直接决定着创新创业项目的成败。通过参与各类创新创业实践活动，如创业计划大赛、创新创业项目孵化、创业模拟实训等，学生能够在实践中强化技能，积累经验，提升创新创业能力。

同时，学生还需要培养良好的创新创业素养，如勇于挑战的进取精神、敢于承担风险的担当意识、坚持不懈的意志品质、善于协作的团队精神等。这些素养是支撑创新创业活动的内在动力，对学生未来的职业发展和人生成长具有重要影响。通过参与创新创业教育和实践，学生能够在潜移默化中内化这些优秀品质，为今后的创新创业之路奠定坚实的基础。

此外，创新创业教育还要引导学生树立正确的创新创业价值观，将创新创业与专业学习、个人发展、社会责任紧密结合起来。学生要明白，创新创业不只是一种谋生手段，更是服务国家、造福社会的重要途径。只有将个人价值与社会价值高度统一，学生才能在创新创业的道路上砥砺前行。

（二）团队协作者

创新创业是一项复杂且艰巨的任务，个人的力量是有限的，只有通过团队的通力合作，才能攻克各种难题，实现创新创业的目标。在这个过程中，每个团队成员都需要发挥自己的专长，与他人密切配合，形成合力。同时，团队也需要出色的领导者，凝聚人心，把握方向，领导团队不断前行。

一个高效的创新创业团队，要求成员之间分工明确、信息畅通、配合默契。每个成员都应清楚自己的角色和职责，积极完成分内工作；同时也要主动了解其他成员的进展，随时准备提供支持和帮助。团队成员之间还应该建立起良好的沟通机制，通过定期会议、工作报告等方式，及时交流信息，协调行动。只有每个人都甘于奉献，协同作战，才能形成团队的整体合力，迎接创新创业的种种挑战。

一个优秀的创业团队离不开出色的领导者。领导者要有远见卓识，能够准确判断形势，制定团队的发展战略；要有组织协调能力，能够合理分工，调动每个成员的积极性；要有决策魄力，能够在关键时刻果断做出正确选择；还要有创新意识，能够带领团队不断尝试新的思路和方法。这些领导力素质不是一蹴而就的，需要在创新创业实践中，通过亲身体验和反思总结，不断锻炼提升。

四、创新教育与创业教育中学生的培养策略

（一）加强创新创业课程和实践教学

从课程设置来看，开设创新创业必修课和选修课，能够为大学生系统学习创新创业知识奠定基础。通过理论学习，学生能够深入理解创新创业的内涵、特点和规律，掌握创新思维、商业模式、市场营销等方面的基本知识。同时，创新创业课程还应注重案例教学，引导学生分析创业成功或失败的典型案例，学习创业者的经验教训，提升创业决策和风险管理能力。此外，学校还可以邀请创业成功者、行业专家开设讲座，拓宽学生视野，激发创业灵感。

从实践训练来看，强化创新创业实践，是培养学生动手能力和解决实际问题能力的有效途径。学校应为学生提供多样化的创新创业实践平台，如创业孵化基地、创新创业实验室、创业模拟实训等，让学生在实践中学习创业流程、验证创意想法、锻炼创业技能。在实践过程中，教师应充分发挥指导作用，引导学生将所学知识运用到实践中，为学生提供创业指导和咨询服务。同时，鼓励学生参加各类创新创业大赛，在比赛中展示创意、锻炼能力、积累经验。

从创新创业课程和实践教学的衔接来看，需要在两者之间建立紧密联系，实现理论与实践的深度融合。创新创业课程教学应与创新创业实践紧密结合，让学生在学习理论知识的同时，能够及时检验和应用所学知识。例如，在教学过程中设置创新创业项目任务，要求学生以小组形式开展市场调研、撰写商业计划书、设计产品原型等，将课堂所学知识与实践充分结合。同时，创新创业实践活动也应与课程教学内容相呼应，让学生在实践中加深对理论知识的理解和运用。

从创新创业教育生态系统来看，加强创新创业课程和实践教学，需要学校、政府、企业、社会多方协同，营造良好的创新创业教育环境。学校要加大创新创业教育投入，完善课程体系和实践教学条件，建设高水平师资队伍。政府要制定优惠政策，为大学生创业提供资金支持、税收优惠、信息咨询等服务。企业要为大学生创新创业提供实习实践岗位，分享行业经验和资源。社会各界要营造鼓励创新、宽容失败的文化氛围，为大学生创新创业成长提供支持和帮助。

（二）搭建创新创业平台

搭建创新创业平台，为大学生提供广阔的创业实践机会，是落实创新创业教育的关键举措。高校要从以下四个方面着手，构建完善的创新创业支持体系。

1. 硬件设施

高校应加大投入，建立大学生创业园、孵化基地等载体。这些载体不仅为学生提供了办公场所、实验设备等物质条件，还营造了浓厚的创新创业氛围。在创业园中，学生可以与志同道合的伙伴交流，激发创意灵感；在孵化基地里，学生能够获得专业导师的指导，提升创业技能。高校还可以引入社会资源，与企业、科研机构等建立产学研合作基地，拓宽学生的实践渠道。

2. 制度环境

高校要完善相关政策，为学生创新创业提供制度保障。一方面，要建立健全创新创业教育课程体系，将创业理论与实践有机结合，提升学生的创业素养；另一方面，要制定优惠扶持政策，在场地使用、资金支持、税收减免等方面给予创业学生倾斜，降低其创业成本和风险。同时，高校还应简化审批流程，为学生创业项目开设“绿色通道”，提高服务效率。

3. 资源配置

高校要整合校内外资源，为学生创新创业提供全方位支持。校内要发挥各学科优势，鼓励跨学科交叉创新；组建专兼职相结合的师资队伍，提供全过程创业辅导；开放图书馆、实验室等教学资源，满足学生创业需求。校外要积极对接地方政府、行业企业，争取政策和资金支持；引入创业导师、天使投资人等社会资源，拓宽学生视野；借助校友会平台，发挥校友企业家的引领作用。

4. 创业项目

高校还要注重优秀创业项目的遴选和培育。定期举办创新创业大赛，搭建展示交流平台；建立创业项目库，动态管理在孵项目；设立创业基金，对优质项目给予资助；开展创业训练营，提供系统化培训指导。通过赛事、孵化、投资、培训等方式，不断发掘和培养创业英才，推动项目落地转化。

（三）营造创新创业文化氛围

创新创业文化是一种鼓励创新、宽容失败、崇尚创业的价值理念和行为方式，对于激发大学生的创新创业热情，培养其创新创业意识和能力具有重要意义。高校要充分发挥环境育人和文化育人的独特功能，将创新创业教育融入校园文化建设之中，构建富有创新创业气息的校园文化生态。

1. 举办创新创业大赛

高校应该定期举办形式多样、内容丰富的创新创业大赛，为大学生提供一个展示才华、锻炼能力的舞台。通过大赛，不仅能够发掘和培养一批优秀的创新创业人才，还能够在全校范围内形成创新创业的浓厚氛围。在大赛组织过程中，高校要注重发挥学生的主体作用，鼓励学生自主策划、组织和参与各类赛事活动。同时，要加强对参赛项目的指导和扶持，提供必要的资金、技术、场地等支持，帮助优秀项目落地转化。

2. 举办讲座论坛

高校应邀请知名创业者、行业专家来校举办创新创业讲座，分享创业经历和成功经验。通过讲座，让大学生近距离感受创业者的创业激情和创业精神，了解创业的艰辛，坚定创业信念。高校还可以举办创新创业论坛，邀请政府部门、企业界、投资机构等多方代表参与，共同探讨创新创业发展趋势，分析创业机遇和挑战。论坛不仅能够拓宽师生创新创业视野，还能促进校企、校地、校校之间的交流合作，为创新创业教育注入新的活力。

3. 组织校园文化活动

高校要充分利用各类校园文化活动，如科技文化节、创客马拉松、创新创业社团等，在潜移默化中加强创新创业教育。在科技文化节中，可以设置创新创业主题展区，集中展示大学生的创新创业成果；在创客马拉松中，可以组织学生围绕特定主题开展头脑风暴，激发创新灵感；在社团活动中，可以成立创新创业类社团，开展创业沙龙、创业咖啡等特色活动。通过生动活泼、喜闻乐见的校园文化活动，让创新创业教育走近学生、融入学生，成为校园生活的一部分。

高校还要注重挖掘和利用各类创新创业教育资源，营造良好的创新创业生态。要整合校内外创新创业导师资源，建立“传帮带”机制，鼓励创业成功校友、创业先锋教师等担任创业导师，为学生创业提供全方位指导。要加强校企合作，引入企业资源，建立创业孵化基地，为初创企业提供办公场地、配套设施等支持。要完善创新创业扶持政策，设立创新创业奖学金，资助优秀创新创业项目。营造创新创业教育生态，既需要发挥学校主导作用，又需要整合社会各界力量，齐抓共管，形成合力。

高校只有将创新创业教育与校园文化建设深度融合，在全校范围内营造浓厚的创新创业文化氛围，才能把创新创业精神内化为师生的价值追求和行为习惯，把创新创业能力转化为师生的自觉行动和必备素养。在创新创业文化的熏陶和感染下，学生的创新意识、创业精神、创新思维等将得到潜移默化的培养，创新创业的内生动力将被充分激发，为日后成长为高水平创新创业人才奠定坚实的基础。新时代对学生的创新创业能力提出了更高的要求，高校必须以创新的理念、创新的方法践行创新创业教育，让创新创业文化成为引领学生成长、成才的不竭动力。

第五章　高等教育教学中的综合素质教育

第一节　高等教育中的思想道德素质教育

一、思想道德素质教育的目标及其与专业教育的关系

（一）思想道德素质教育目标

思想道德素质教育的目标在于塑造学生高尚的道德品质和良好的行为习惯，这是培养德智体美劳全面发展的社会主义建设者和接班人的重要内容。思想道德素质教育不仅关乎学生个人的健康成长，还关系到国家和民族的未来。因此，高校必须高度重视思想道德素质教育，将其贯穿于教育教学的全过程。

1．道德情感的角度

思想道德素质教育要培养学生对真善美的向往和追求。道德情感是道德行为的重要驱动力，对学生道德品质的形成具有潜移默化的影响。因此，教师要善于利用各种教育契机，如组织主题班会、开展志愿服务等，引导学生在实践体验中感悟道德的崇高价值，激发学生践行道德的自觉性。与此同时，高校还要注重营造良好的校园文化氛围，用身边的典型感染、鼓舞学生，引导其形成积极向上的道德情感。只有内化为真挚的道德情感，外化的道德行为才能充满动力和活力。

2．道德意志的角度

思想道德素质教育要锻造学生坚定的道德信念和顽强的意志品质。道德意志是道德认知、道德情感的外在表现，是一个人道德素质的集中体现。面对复杂多变的社会环境和诱惑，学生只有具备坚定的道德意志，才能在关键时刻经受住考验，做出正确的道德选择。为此，教师要引导学生明辨是非善恶，增强自律自省的意识，提高道德判断力和决策力。同时，还要鼓励学生勇于面对困难和挫折，在挑战中磨砺意志、塑造品格。只有将道德原则内化为行动自觉，

学生才能形成持久稳固的道德品质。

3. 道德行为的角度

思想道德素质教育要促进学生形成良好的行为习惯。行为习惯是一个人长期道德实践的结果，对个人成长和社会文明具有深远影响。因此，教师要引导学生将道德认知落实到具体行动中，树立起“知行合一”的行为准则。一方面，要加强日常行为规范教育，引导学生遵守校规校纪，养成文明礼貌的行为习惯。另一方面，要开展丰富多彩的实践活动，搭建道德实践平台，引导学生在实践中提升道德修养。只有内外兼修，知行统一，学生才能将道德内化为人格，外化为习惯。

（二）与专业教育的关系

专业教育注重培养学生掌握特定领域的知识和技能，思想道德素质教育则着眼于塑造学生高尚的品格和正确的价值观。两者相互交融、相互促进，共同服务于高校立德树人的根本任务。

1. 知识层面

思想道德素质教育为专业学习奠定了重要基础。学生只有树立正确的人生观、价值观，才能保持求真向善的学习态度，才能潜心钻研专业知识。反之，扎实的专业素养又有助于提升学生的思想境界和道德修养。在学习专业知识的过程中，学生不仅能开阔眼界、拓宽视野，还能领悟科学精神、坚定理想信念。由此可见，知识的积累和道德的升华是相互促进、相得益彰的。

2. 能力层面

思想道德素质教育与专业教育相互补充，共同促进学生全面发展。专业教育注重培养学生的分析问题、解决问题的能力，这需要学生具备吃苦耐劳、锲而不舍的品格。思想道德素质教育则更加关注学生批判性思维、创新意识等关键能力的养成。两种教育相互配合，能够帮助学生在知识学习的基础上，提升自身的综合素质和适应社会的能力。

3. 实践育人的角度

思想道德素质教育为专业实践提供了价值引领。当代大学生是国家的未来和民族的希望，肩负实现中华民族伟大复兴的重任。这就要求学生不仅要有过硬的专业本领，还要有家国情怀和社会责任感。思想道德素质教育通过加强理想信念教育、爱国主义教育，引导学生把个人理想融入国家和民族的伟大事业，在专业实践中彰显使命担当、贡献智慧力量。

需要强调的是，思想道德素质教育与专业教育的融合，必须坚持以学生为中心，遵循教育教学规律。高校要根据不同专业的特点，因材施教、因需施教，设计富有针对性和吸引力的教学内容。同时，要创新教学模式，充分发挥第二课堂和校园文化的育人功能，为学生提供丰富多样的实践平台。只有让思政教育真正走进课堂、走近学生，才能实现两种教育的有机结合，实现知识传授与价值引领的同向同行。

二、思想道德素质教育的实施策略

（一）课堂教学

首先，教师应该坚持以学生为中心的理念，根据学生的认知特点和接受能力，精心设计教学内容和教学环节。一方面，教师要合理把握思想道德素质教育的重点内容，如理想信念教育、爱国主义教育、集体主义教育等，将其有机融入专业课教学之中；另一方面，教师要灵活运用多种教学方法，如案例分析、情景模拟、小组讨论等，调动学生的积极性，引导其主动思考和内化。

其次，教师应重视挖掘课程中蕴含的思想道德教育元素，创设富有感染力的教学情境。例如，在讲授文学作品时，教师可以引导学生分析作品中体现的人生观、价值观，感悟作者的道德情操和精神追求；在讲授历史事件时，教师可以引导学生了解民族精神、爱国主义情怀的深刻内涵，汲取智慧和力量。通过情境创设，教师能够触及学生的情感，唤起其心灵共鸣，达到润物无声的教育效果。

再次，教师应积极利用现代教育技术手段，创新思想道德素质教育的形式和载体。多媒体课件、在线教学平台、虚拟仿真实验等，都能够为思想道德素质教育插上科技的翅膀，拓宽教育的时空维度，为学生提供沉浸式、交互式的体验，增强教育的感染力和吸引力。教师要与时俱进，勇于开拓进取，不断探索现代信息技术与思想道德素质教育的深度融合之道。

最后，教师作为课堂教学的设计者和实施者，要立足育人初心，坚持价值引领，在传授专业知识的同时，着力加强学生世界观、人生观、价值观的塑造。唯有不断创新教学方法，优化教学设计，提升育人实效，课堂教学才能真正成为思想道德素质教育的主阵地，为学生的全面发展奠定坚实的基础。在新时代背景下，深化思想道德素质教育，需要广大教育工作者肩负起时代重任，砥砺奋进，开拓创新，用心用情铸魂育人，为国家培养德智体美劳全面发展的社会主义建设者和接班人。

（二）实践活动

社会实践活动为学生提供了走出校园、融入社会的宝贵机会，让学生在实践中加深对所学知识的理解，在服务中升华自我的人生价值。通过参与社会实践，学生能够亲身体验不同群体的生活状态，感受社会的多元性和复杂性，从而培养其换位思考的同理心、善意理解的包容心。

在社会实践中，学生往往需要与他人合作，完成既定任务。这一过程不仅锻炼了学生的组织协调能力，还培养了团队意识和集体荣誉感。通过与队友齐心协力、共克时艰，学生能够真切感悟“众人拾柴火焰高”的道理，懂得个人利益服从集体利益、局部利益服从整体利益的深刻道理。

社会实践是引导学生坚定理想信念的“教育熔炉”。走出校园，学生才能全方位、立体式地了解国情社情民意，切身感受中国特色社会主义建设的伟大成就和艰辛历程。当他们目睹偏远山区的教育现状，当他们聆听城市务工人员的酸甜苦辣，当他们参与基层社区的志愿服务，必将激发起心中的家国情怀，坚定“愿得此身长报国”的远大理想。

社会实践也是检验学生道德品质的“试金石”。在农村支教、社区服务、公益慈善等实践活动中，学生必须发扬吃苦耐劳、无私奉献的优良品格，方能不辱使命、圆满完成任务。学生要虚心向实践对象学习，真诚付出汗水和智慧，在服务他人、奉献社会的过程中完善自我、提升自我。这种修身养性的洗礼，必将帮助学生砥砺高尚的道德情操。

社会实践要想取得良好育人效果，高校还需在实践形式、内容和评价等方面进行精心设计。一方面，要开拓实践基地，与地方政府、企事业单位、社会组织建立长效合作机制，为学生提供常态化、制度化的实践平台。另一方面，要丰富实践内容，围绕思想引领、志愿服务、科技支农、创新创业等主题开展形式多样的实践活动，激发学生投身实践的内生动力。同时，要建立科学评价体系，将实践表现纳入综合素质测评，引导学生在实践中见世界、长才干、作贡献。

（三）校园文化

校园文化是高校思想道德素质教育的重要载体和平台，在大学生成长成才过程中发挥着潜移默化的教育功能。良好的校园文化环境能够润物无声地影响和塑造大学生的价值观念、道德情操和行为习惯，对其思想品德的形成具有重要意义。

1. 校园文化活动

开展形式多样、内容丰富的校园文化活动，如主题教育、志愿服务、社会实践等，可以引导大学生树立正确的世界观、人生观和价值观，培养其爱国主义情怀、集体主义精神和奉献意识。在参与活动的过程中，大学生能够亲身体验和感悟道德规范的内在价值，内化为自觉的道德信念和行为准则。

2. 校园文化环境

积极向上、健康文明的校园文化氛围，能够使大学生耳濡目染、潜移默化地受到熏陶和感染。校园里随处可见的格言警句、励志标语，无时无刻不在提醒和激励着大学生奋发向上、砥砺品行；图书馆、博物馆等人文景观，也在传递着高尚的精神追求和道德理想。在这样的环境中成长的大学生，必然会形成积极进取、高尚纯洁的价值取向和道德情操。

3. 校园文化建设

和谐融洽的师生关系、同学关系，互帮互助的集体氛围，是校园文化的应有之义。在这种人际环境中，大学生能够学会换位思考、体谅他人，学会与人沟通、团结协作，增强人际交往能力和社会适应能力。同时，教师言传身教的楷模力量、朋辈群体的示范效应，也能够引导大学生形成正直、诚信、友善的品行操守。

4. 实践育人功能

通过在校园文化活动中设置道德体验和道德实践环节，鼓励大学生参与志愿服务、勤工助学等社会实践，引导其在实际行动中锤炼意志、砥砺品格，将道德认知外化为道德行为。在亲身参与和体验中，大学生能够领悟道德实践的真谛，培养起扎实的道德操守和严格的行为规范。

三、思想道德素质教育的评价与反馈

（一）评价主体

传统的评价模式多以教师评价为主导，忽视了学生的自我评价。这种单一化的评价视角难以全面、客观地反映学生的思想道德发展水平。因此，构建教师评价与学生自评相结合的评价主体已成为思想道德素质教育评价改革的必然趋势。

1. 教师评价

教师作为教学活动的组织者和引导者，对学生的思想道德状况有着长期、系统的观察和了解。通过课堂表现、日常行为、实践活动等多个维度，教师能够较为全面地评估学生的思想道德素质。同时，教师凭借其专业知识和教学经验，能够科学设计评价指标，合理运用评价方法，保证评价结果的专业性和权威性。教师评价能够为学生的思想道德发展提供及时、有效的反馈，帮助其发现自身的优势和不足，不断改进和提高。

2. 学生自我评价

自我评价要求学生积极反思自身在思想道德方面的表现，审视自己的价值观念、行为习惯，主动寻找提升的路径。这一过程有助于强化学生的主体意识，提高其自我教育、自我管理、自我完善的能力。通过自我评价，学生能够深化对思想道德素质内涵的认识，将外在要求内化为自觉追求，形成积极向上的人生态度和行为方式。自我评价还能增强学生的责任感和使命感，激励其不断进取，努力成长为合格的社会主义建设者和接班人。

3. 教师评价与学生自评相结合

教师评价与学生自评相结合能够形成评价主体的多元互动，提高评价的全面性和有效性。一方面，教师评价为学生自评提供专业指导和客观参照，帮助学生正确认识自我，客观分析优劣。学生通过与教师评价结果的对比，能够及时调整自我认知，改进不足之处。另一方面，学生自评为教师评价提供了解学生内心世界的窗口。教师通过分析学生的自我评价，能够更加全面地了解学生思想状况，有针对性地开展教育教学工作。同时，学生在自评过程中提出的独特见解和创新思路，也能为教师评价提供新的视角和启发。双向互动、相互促进，教师评价与学生自评能够形成合力，共同推动学生思想道德素质的提升。

完善思想道德素质教育评价体系，需要处理好教师评价与学生自评的关系，明确各自的评价重点和实施方式。教师评价应侧重于学生思想道德素质的外在表现，引导其将内化于心的品德转化为外化于行的习惯。评价应覆盖思想领域、道德领域、法治领域等多个维度，采取平时考核与集中考核、定性分析与定量分析相结合的方式。学生自评则应重点关注内心成长的轨迹，回顾反思个人在价值观塑造、人格完善等方面的收获和挑战。自评应本着客观、诚信的原则，通过撰写心得体会、参与讨论交流等形式，推动学生在主体参与中实现自我教育、自我提升。

（二）评价方式

1. 过程性评价

过程性评价贯穿于学习的全过程，通过连续、动态地记录学生的学习表现，能够及时发现问题，给予反馈和指导。这种评价方式强调学习过程的重要性，关注学生在知识、能力、情感等方面的发展变化。例如，教师可以通过课堂观察、作业分析、学习档案等方式，了解学生的学习态度、思维品质、合作意识等，并给予适时的鼓励和帮助。过程性评价有助于营造良好的学习氛围，激发学生的内在学习动机，培养其自主学习、自我管理的能力。

2. 终结性评价

终结性评价则注重学习结果的考查，通常在学期末或单元学习结束后进行。这种评价方式能够系统地检验学生对知识的掌握程度和综合运用能力，具有总结性、判定性的特点。期末考试是一种典型的终结性评价，通过标准化的试题和严格的考核流程，客观地衡量学生的学业成绩。当然，终结性评价并非局限于笔试这一种形式，教师还可以采用口试、实践操作、研究报告等多元化的考核方式，全方位考查学生的综合素质和创新能力。

需要强调的是，过程性评价和终结性评价并非对立的关系，而是相辅相成、互为补充的。单纯依靠过程性评价，可能难以准确判断学生的学习效果，而单一采用终结性评价，又容易忽视学生的个性特点和发展潜力。因此，在实际教学中，教师应根据课程性质和教学目标，灵活运用过程性评价和终结性评价，构建科学、完善的评价体系。

（三）反馈机制的运用

反馈机制的科学性和有效性直接关系到思想道德素质教育的成效。要建立健全反馈机制，需要注重以下四个方面。

1. 明确反馈的主体

教师作为思想道德素质教育的组织者和实施者，理应成为反馈的主要主体。但学生作为教育的对象，其自我评价和反馈也不容忽视。只有教师评价与学生自评相结合，才能全面且客观地了解学生思想道德素质的真实状况。

2. 创新反馈的方式

传统的思想道德素质评价往往以考试、测验等终结性评价为主，难以真实反映学生的发展变化。为此，需要建立过程性评价和终结性评价相结合的反馈方式。过程性评价贯穿于思想道德素质教育的全过程，通过观察学生在学习和实践中的言行表现，及时发现问题，给予引导和帮助。终结性评价则侧重于对学生一个阶段思想道德素质的整体考查，既要看学习效果，又要看行为养成。

3. 合理运用反馈的结果

反馈的目的不是给学生“贴标签”，而是促进其自我完善。教师要根据反馈情况，有针对性地调整教学策略，改进教学方法。对于思想道德素质发展良好的学生，要给予鼓励和表扬，激发其进步的动力；对于存在偏差和问题的学生，要耐心开导，帮助其认识错误，端正态度。同时，还要引导学生学会自我反思，主动对照反馈结果找差距、补不足，不断提升自我。

4. 学校、家庭、社会的通力配合

学校要加强教师反馈能力的培训，为其开展反馈工作提供必要的条件和支持；家庭要关注学生在校表现，与教师保持密切沟通，形成教育合力；社会要营造有利于思想道德素质发展的氛围，为学生提供实践锻炼的平台。唯有如此，才能形成全员、全过程、全方位的反馈机制。

第二节　高等教育中的科学文化素质教育

一、科学文化素质教育的价值

（一）提升学生科学精神和人文素养

科学精神是一种理性求真、勇于探索、敢于质疑的思维品格，它强调以客观事实为依归，用逻辑思维分析问题，通过实践检验真理。人文素养则体现在对人性、社会、艺术等方面的理解和关怀上，它重视个体的主观感受和对生命意义的思考，追求情感体验的丰富和升华。科学精神与人文素养看似矛盾，实则相辅相成、缺一不可。科学文化素质教育正是致力于在两者之间架起沟通的桥梁，培养学生全面、均衡的素质和修养。

在教学实践中，教师应创设契合学生认知特点的情境，引导学生在探究过程中感悟科学的魅力。例如，在物理课堂上，教师可以设计力学实验，让学生亲自动手操作，通过观察现象、收集数据、分析规律，体会科学探究的乐趣；在化学教学中，教师可以讲解化学史上的重大发现，介绍科学家的研究历程和思维方法，帮助学生理解科学精神的内涵。与此同时，教师还应注重培养学生的人文情怀，激发其对生命、社会、自然的敬畏之心。例如，在生物课程中，教师可以引导学生思考生命的起源与进化，反思人与自然的关系，树立尊重生命、保护环境的意识；在地理教学中，教师可以利用多媒体展示不同地域的人文景观，带领学生欣赏各民族的文化瑰宝，加深对多元文化的理解。

科学文化素质教育的落脚点在于推动学生在认知、情感、意志等方面的内化吸收。为此，教师既要注重学科知识的系统传授，又要为学生提供动手实践、自主探究的机会。在教学过程中，教师应转变传统的教学模式，营造开放、互动的课堂氛围，鼓励学生提出问题、表达观点，培养其独立思考、勇于质疑的能力。同时，教师还应引导学生将课堂所学与日常生活相联系，在社会实践中感悟科学与人文的融合，提升运用知识解决问题的能力。例如，教师可以组织科普实践活动，带领学生走进自然、走进社区，加深对科学规律和人文精神的认识。

科学文化素质教育是一个循序渐进、潜移默化的过程，它需要学校、家庭、社会的通力配合。学校应将科学文化素质教育融入课程体系和校园文化建设之中，开展丰富多彩的第二课堂活动，营造崇尚科学、热爱人文的校园氛围。家庭则要发挥言传身教的作用，在日常生活中潜移默化地影响学生，帮助其树立正确的世界观、人生观、价值观。社会各界更应该提供适宜的教育资源和实践平台，拓宽学生视野，丰富其成长体验。只有学校、家庭、社会形成合力，才能为学生的全面发展提供肥沃的土壤。

（二）促进学生全面发展

1. 知识层面

科学文化素质教育有助于学生构建完整的知识体系。通过系统学习自然科学和人文社会科学知识，学生能够掌握不同学科领域的基本概念、原理和方法，了解不同学科的发展脉络和最新进展，从而形成融贯理工文的宏大视野。同时，科学文化素质教育还注重学科知识的交叉融合，引导学生探索不同学科的内在联系，培养其多学科思维和跨界创新能力。

2. 能力层面

科学文化素质教育是培养学生关键能力的重要途径。在学习过程中，学生不仅要掌握扎实的学科知识，还要锻炼科学的思维方式和人文的思辨能力。通过开展科学实验、人文考查等实践活动，学生能够培养严谨求实的科研素养、敏锐洞察的人文眼光及与人沟通协作的社会技能。这些关键能力的养成，既是学生自身全面发展的需要，也是适应未来社会发展的必然要求。

3. 价值观念层面

科学文化素质教育对于塑造学生正确的世界观、人生观和价值观具有重要意义。在学习科学知识的同时，学生能够领悟科学精神的真谛，如理性思维、求真务实、勇于探索等，从而树立科学的世界观和方法论。在学习人文知识的过程中，学生则能够感悟人文精神的内涵，如人文关怀、批判思考、审美情趣等，进而形成积极向上的人生观和价值取向。科学精神与人文精神的交相辉映，必将引领学生走向全面且有个性的发展之路。

综合来看，科学文化素质教育通过知识、能力、价值观念三个维度的培养，促进学生德、智、体、美、劳全面发展。一方面，扎实的科学人文知识是学生成长成才的基石，宽广的知识视野能够开阔学生的眼界，提升其文化品位。另一方面，科学思维与人文思辨的训练，能够提升学生分析问题、解决问题的能力，为其终身发展奠定基础。科学精神与人文情怀的熏陶，则能够引领学生树立崇高的理想信念，塑造高尚的道德品质，实现精神世界的升华。

（三）增强学生社会适应能力

随着社会的快速发展，大学生不仅需要掌握扎实的专业知识和技能，还需要具备广博的科学文化素养，以适应不断变化的社会环境和职业要求。科学文化素质教育通过传授自然科学和人文社会科学知识，培养学生的科学精神和人文情怀，使其形成正确的世界观、人生观和价值观，为未来的社会生活和职业发展奠定了坚实的基础。

1. 知识层面

科学文化素质教育有助于拓宽大学生的知识视野，提升其综合素质。通过学习数学、物理、化学、生物等自然科学知识，学生能够更好地理解自然界的运行规律，掌握科学的思维方式和研究方法，提高分析问题和解决问题的能力。同时，通过学习文、史、哲等人文社会科学知识，学生能够深入了解人类文明的发展历程，理解不同文化的内涵和特点，培养包容、开放的心态和人文情怀。这些宝贵的知识积累不仅能够满足学生的求知欲，还能够为其未来的职业选择和发展提供更多的可能性。

2. 能力层面

科学文化素质教育注重培养学生的创新意识和实践能力，使其能够更好地适应社会发展的需要。在教学过程中，教师通过设置开放性的探究任务，鼓励学生提出新颖的想法，开展自主研究，锻炼其独立思考和动手操作的能力。例如，在物理实验课上，教师可以设计一些与生活和生产相关的实践项目，引导学生运用所学知识解决实际问题，提高其科学研究和技术应用能力；在文学鉴赏课上，教师可以组织学生开展戏剧表演或文学创作活动，激发其艺术创造潜能，提升其审美能力和人文表现力。这些实践锻炼不仅能够巩固学生的理论知识，还能够提高其社会适应能力，为未来步入职场打下良好基础。

3. 素质层面

科学文化素质教育注重培养学生正确的价值取向和社会责任感。通过对科学发展史的学习，学生能够认识科学精神的重要性，理解科学探索中坚持真理、勇于创新的可贵品质。同时，科学文化素质教育还注重引导学生关注人与自然、人与社会的关系，树立可持续发展、热爱和平的意识。例如，通过组织环保公益活动，引导学生积极参与生态保护，培养其尊重自然、珍惜资源的意识；通过开展志愿服务活动，引导学生关心他人、奉献社会，提升其社会责任感和公民意识。这些宝贵的情感体验将使学生形成积极向上的人生态度，成为有理想、有担当的社会栋梁。

二、科学文化素质教育的主要内容

（一）自然科学知识教育

数学、物理、化学、生物等基础学科是自然科学的核心，也是高等教育阶段各专业学生必须掌握的基本知识。这些学科知识不仅是学生未来专业学习和研究的基础，还是其认识世界、分析问题、解决问题的重要工具。

通过系统学习数学、物理、化学、生物等自然科学知识，学生能够建立完整的自然科学知识体系，深入理解各学科的基本概念、原理和方法，形成科学的世界观和方法论。同时，在学习过程中，学生的抽象思维、逻辑推理、实证分析等科学思维能力也能得到有效训练和提升。这些能力不仅有助于其在自然科学领域的深入学习和研究，还能迁移运用到其他学科和实践领域，成为其终身发展的宝贵财富。

高校开设的自然科学类实验课程和科研实践活动，为学生提供了亲身参与科学探究的机会。在实验探究过程中，学生需要根据研究问题制订假设，设计实验方案，动手操作仪器设备，收集和分析数据，得出科学结论。这一系列环节不仅能够加深学生对理论知识的理解，还能培养其提出问题、分析问题、解决问题的能力。

自然科学知识教育不应局限于课堂讲授，更需注重与现实生活和社会实践的结合。通过引导学生关注现实问题，运用所学知识分析和解决问题，能够增强学生的社会责任感，提高其综合运用知识的能力。同时，走出校园，深入自然和社会，开展科普宣传和志愿服务，也能够帮助学生拓宽视野，树立科学精神，增强使命担当。

（二）人文社会科学知识教育

人文社会科学知识教育不仅能够丰富学生的知识结构，拓宽其视野，还能够提升学生的人文修养和综合素质。人文社会科学知识涵盖文学、历史、艺术等多个领域，蕴含着人类文明发展的深厚积淀和智慧结晶。系统学习这些知识，学生能够更加全面、深入地认识人类社会发展的规律，理解不同文化的内涵与价值，培养家国情怀和人文关怀。

文学是人类情感、思想、审美的艺术表现，蕴含着丰富的人文内涵。通过阅读经典文学作品，学生能够感受语言的魅力，领略文学大家的语言艺术，提高语言表达能力和审美能力。优秀的文学作品往往反映了特定历史时期的社会生活和人性光辉，引导学生思考人生问题，陶冶情操，塑造高尚品格。

历史学科记录了人类社会的发展足迹，是认识过去、把握现在、开创未来的重要途径。学习历史知识，学生能够了解人类文明的发展脉络，认识社会变迁的规律，吸取历史经验教训。同时，历史学科还能培养学生的家国情怀和民族自豪感，激发其社会责任感和使命感。

艺术是人类情感和审美的外在表现形式，包括音乐、美术、舞蹈、戏剧等多种门类。学习艺术知识，学生能够陶冶情操，提高审美能力和艺术鉴赏力。同时，艺术实践还能培养学生的创新意识和创造力，激发其想象力和灵感，促进其身心健康发展。

高校应加强文史等人文社科类课程建设，优化课程体系，创新教学模式。除了传统的课堂讲授，教师还可以采用案例分析、情景模拟、小组讨论等多种教学方法，引导学生主动参与，提高教学效果。此外，高校还应搭建各类人文社科类实践育人平台，如人文社科讲座、读书会、研究性学习等，为学生提供接触前沿思想、交流学习心得的机会。通过课内课外、理论实践相结合的方式，多维度、全方位地开展人文社会科学知识教育。

（三）科学精神与人文精神融合教育

科学精神与人文精神是人类文明进步的两大支柱，在高等教育中实现两者的交融与统一，是培养全面发展人才的必然要求。科学精神强调理性思维、求真务实、勇于创新，而人文精神则注重人文关怀、道德修养、审美情趣。虽然两者在关注点和思维方式上存在差异，但在本质上是相通的，都以提升人的全面素质为宗旨。在高等教育教学中，引导学生在科学与人文的对话中形成正确的世界观和价值观，需要教育工作者进行系统的设计和实践。

从课程体系设置入手，加强文理交叉和学科融合是实现科学精神与人文精神相融互通的基础。传统的学科划分常常导致自然科学与人文社会科学的割裂，学生或偏重理性思维而忽视人文关怀，或偏重人文修养而缺乏科学精神。为了解决这一问题，高校应积极探索跨学科课程体系的构建，鼓励不同专业的学生互选课程、参与联合教学项目，在交流中拓宽视野、完善知识结构。同时，在专业课教学中，教师也应注重渗透科学精神与人文精神的内容，引导学生从多元视角认识事物的本质和规律。例如，在讲授物理学史时，教师可以引入科学家的人文情怀和社会责任感，启发学生思考科学发展与人类进步的关系；在文学作品赏析中，教师则可以借助作品涉及的科学知识，引导学生领悟科学理性之美。

在教学方法上，开展富有创意和挑战性的教学活动，能够有效促进科学精神与人文精神的融合。一方面，教师应积极创设问题情境，激发学生主动探究的欲望，培养其敏锐的洞察力和严谨的分析能力。例如，教师可以设计开放性的实验或社会调查任务，鼓励学生运用所学知识提出假设、收集数据、得出结论，在研究过程中体验科学探索的乐趣。另一方面，教师还应重视人文体验和审美熏陶，帮助学生形成高尚的道德情操和审美情趣。例如，教师可以组织师生共读经典著作，引导学生在与作者的心灵对话中感悟人性的光辉；教师可以带领学生走进大自然，让其在山水田园中陶冶性情、启迪心智。在参与式、体验式的教学活动中，学生能够运用科学与人文知识，提升分析问题和解决问题的综合能力。

加强校园文化建设，营造崇尚科学、热爱人文的育人环境，也是实现科学精神与人文精神相融共生的重要途径。一方面，高校应充分利用各类教育资源，开展形式多样的校园科普活动，普及科学知识、弘扬科学精神。例如，邀请知名科学家举办专题讲座，组织科技创新大赛，开设科普博客或微信公众号等。另一方面，高校还应注重人文氛围的营造，定期举办高雅艺术进校园活动，开展经典诵读比赛，成立人文社团，营造传承优秀传统文化的校园氛围。在潜移默化中，学生能够深刻领会科学与人文的内在联系，树立正确的人生观和价值观。

三、科学文化素质教育的实施方法

（一）深化课程教学改革

高等教育阶段的课程设置应该体现科学性、先进性和前瞻性，以培养学生的科学精神和人文情怀为宗旨，全面提升其科学文化素养。这就要求教师在课程教学中不仅要传授系统的科学文化知识，还要注重引导学生形成科学的思维方式。

1. 优化课程设置

传统的课程体系往往过于强调学科知识的系统性和完整性，忽视了不同学科之间的内在联系及知识与现实生活的关联。这种割裂的课程设置不利于学生形成整体的知识架构和综合运用能力。为了突破这一局限，高校应该立足科学文化素质培养的目标，优化课程结构，促进文理交融、科学与人文的融合。一方面，要加强自然科学与人文社会科学课程的有机衔接，帮助学生构建完整的世界图景；另一方面，要增设跨学科、综合性课程，引导学生运用多学科知识分析复杂问题，提升其批判性思维和创新能力。

2. 创新教学内容和方法

随着知识更新速度的加快和社会发展的日新月异，单纯依靠课堂讲授已经无法满足学生成长的需要。教师应该转变教学理念，更新教学内容，创新教学方法，激发学生的求知欲和探究热情。在教学内容上，教师要及时吸收学科前沿动态，将最新科研成果转化为教学资源，拓宽学生的学术视野；在教学方法上，教师要摒弃“满堂灌”式的说教，采用启发式、探究式、参与式等教学方式，鼓励学生主动思考、积极讨论、动手实践，在“做中学”中内化知识、锻炼能力；在教学手段上，教师要善于利用信息技术辅助教学，开发优质的数字化资源，创设沉浸式、交互式的学习情境，提高教学的针对性和实效性。

3. 强化科学文化素质培养

科学文化素质不仅包括扎实的学科知识基础，还包括科学的思维品质、人文的情感态度与价值观。因此，在课程教学中，教师既要注重学生知识架构的建立，又要引导其形成严谨求实的科研态度、敢于质疑的批判精神及勇于创新的进取意识。同时，教师还应该加强科学精神与人文精神的融合渗透，帮助学生正确认识科学的价值，学会辩证看待科学成就，在科学与人文的对话中实现自我超越。

深化课程教学改革是一项系统工程，需要教育主管部门、高校、教师、学生等多方协同发力。只有不断更新教育理念，优化课程设置，创新教学内容和方法，才能真正把科学文化素质教育落到实处，培养出具有家国情怀、全球视野、创新精神和实践能力的时代新人。

（二）加强第二课堂建设

第二课堂是指在第一课堂即正式课程教学之外，学校有计划、有组织地开展的，以拓宽学生知识视野、培养学生综合能力为目的的教育教学活动。

1. 组织丰富多彩的科技文化活动

学校可以组织学生参加科技节、科学影片赏析、名家讲座等活动，让学生在轻松愉悦的氛围中感受科学的魅力。通过这些活动，学生能够接触到课堂教学以外的广阔知识领域，开阔眼界，激发探究欲望。同时，科技文化活动也为学生提供了施展才华、展示成果的舞台，有利于培养其创新意识和实践能力。

2. 组织实践探究活动

学校可以组织学生参与科学实验、技术制作、社会调查等活动，引导学生在实践中学习和应用知识。这些活动不仅能够巩固学生的理论知识，还能培养其动手操作、团队协作、分析和解决问题的能力。在探究未知、发现真理的过程中，学生能够体验到科学探索的乐趣，领悟科学家孜孜以求的治学态度和严谨求实的科研品格。这些宝贵的情感体验将成为学生终身发展的精神财富。

3. 开展学生社团

物理爱好者协会、生物科技社、天文学社等学生社团，为志同道合的学生搭建了交流学习、共同进步的平台。在社团活动中，学生可以自主设计和组织各类科技文化活动，如科普讲座、学术沙龙、科技竞赛等。这不仅能充分调动学生参与的积极性，还有利于发挥其主体作用，提高其组织管理能力。同时，在与他人的交往互动中，学生的沟通表达、团队合作等社会性技能也能得到锻炼和提升。

4. 志愿服务、社会实践等活动

学校可以组织学生深入社区、学校、野外，开展环境保护、科学调查、科普宣传等服务，在服务他人、服务社会的过程中传播科学知识，弘扬科学精神。志愿服务和社会实践，既能加深学生对科学知识的理解和掌握，又能增强其社会责任感，塑造健全人格。让学生走出校园，走进社会，在实践中砥砺成长，是高校加强科学文化素质教育的有效途径。

（三）营造良好校园文化氛围

校园文化作为一所大学的灵魂和底蕴，深刻影响着师生的价值取向、思维方式和行为规范。富有科学与人文内涵的校园文化环境，能够潜移默化地熏陶学生，帮助其树立正确的世界观、人生观和价值观，形成高尚的道德情操和健全的人格品质。

科学精神强调理性思维、实事求是、勇于创新，鼓励学生用严谨的态度和科学的方法认识世界、解决问题。在校园文化建设中，高校应大力弘扬科学精神，通过开展丰富多彩的科技文化活动，如学术讲座、科技竞赛、创新创业大赛等，为学生提供施展才华、锻炼能力的舞台。同时，高校还应注重培养学生的批判性思维和创新意识，鼓励其打破思维定式，勇于质疑权威，敢于挑战未知。只有这样，才能激发学生的探索热情和创造潜能，培养出具有家国情怀和全球视野的创新型人才。

人文精神强调以人为本，关注人的全面发展和精神成长。它涵盖丰富的内容，如人文学科知识、艺术审美能力、道德情操等。在校园文化建设中，高校应重视人文教育，开设经典文学、哲学、历史等人文课程，引导学生感悟人类文明的智慧结晶。同时，学校还应举办形式多样的人文活动，如诗歌朗诵会、书法绘画展、人文知识竞赛等，陶冶学生的情操，提升其人文素养。此外，志愿服务、社会实践等活动也是培养学生人文关怀和社会责任感的重要途径。通过亲身参与社会生活，学生能够增强同理心，学会换位思考，在奉献和付出中实现自我价值。

科学精神和人文精神相互依存、相得益彰。只有两者兼备，才能构建富有现代气息和人文内涵的校园文化。在这种文化氛围中，学生既能掌握扎实的科学知识和专业技能，又能形成高尚的人格品质和家国情怀。

当然，营造优良校园文化离不开全校师生的共同努力。一方面，学校领导要高度重视，将科学与人文并重作为校园文化建设的核心理念，并付诸实践。另一方面，广大教师要以身作则，言传身教，在教学科研中弘扬科学与人文精神。学生作为校园文化的主体，更应积极参与、主动践行，在潜移默化中受到熏陶、得到成长。

第三节　高等教育中的艺术审美素质教育

一、艺术审美素质教育的功能

（一）陶冶情操

艺术作为人类文明的重要组成部分，蕴含着丰富的美学内涵和深刻的人文精神。通过鉴赏和创作各类艺术形式，如音乐、美术、舞蹈、戏剧等，学生能够直观地感受艺术之美，体验艺术家情感世界，领悟艺术作品所传递的人生哲理。在此过程中，学生的审美意识和艺术修养不断提升，情感体验日益丰富，精神境界逐步升华。久而久之，学生在艺术的熏陶中逐渐形成高尚的道德情操和积极向上的价值追求。

艺术审美教育对学生人格塑造有潜移默化的影响。优秀的艺术作品往往蕴含着真善美等人类“普世价值”，彰显着艺术家崇高的道德理想和人格魅力。通过欣赏和学习这些作品，学生能够感受到艺术家的人格力量，领会其艺术追求背后的价值取向。这种感染和启迪有助于学生树立正确的人生观、价值观，养成高尚的道德品质。同时，艺术创作过程中所要求的专注、坚持、协作等品质，有利于培养学生良好的意志品质和行为习惯。长此以往，学生在艺术的陶冶中逐步形成健全人格。

艺术审美教育为学生提供了抒发情感、释放压力的重要途径。在当前快节奏的社会环境中，学生面临来自学业、人际、就业等多方面的挑战和压力。而沉浸在艺术的世界里，欣赏美的艺术、陶冶情操，能够帮助学生暂时脱离现实，获得身心的放松。同时，通过艺术创作宣泄情绪、表达心声，学生能够疏导内心的焦虑和困扰，重拾生活的信心。由此可见，艺术审美教育是维护学生身心健康、塑造健康人格的重要保障。

当然，要真正发挥艺术审美教育陶冶情操、塑造人格的功能，还需要教师在实践中不断探索科学、有效的途径和方法。一方面，学校应重视艺术课程建设，完善教学内容体系，开发丰富多样的艺术活动，为学生提供全面、系统的艺术教育。另一方面，教师要创新教学模式，因材施教，激发学生的艺术兴趣，引导其主动、愉悦地接受艺术熏陶。只有教育实践与育人目标紧密结合，内化于心，外化于行，才能真正实现艺术审美教育陶冶情操、塑造人格的理想。

（二）启迪智慧

艺术欣赏与创作是培养学生创造力和想象力的重要途径。创造力是人类文明进步的原动力，而想象力则是创造力的基石。艺术作为人类情感表达和审美追求的载体，蕴含着丰富的创意元素和想象空间。通过鉴赏优秀的艺术作品，学生能够感受到艺术家独特的思维方式和表现手法，领略艺术创作的奇思妙想，从而激发自己的创新灵感。同时，在艺术创作的过程中，学生需要打破常规思维的束缚，尝试多种可能性，运用想象力构建新颖独特的艺术形象。这一过程不仅能够锻炼学生的发散思维能力，还能培养其敢于创新、勇于尝试的进取精神。

艺术欣赏与创作能够引导学生从多元视角认识世界，拓展其思维空间。优秀的艺术作品往往蕴含着深刻的人文内涵和哲学思考，反映了不同时代、不同文化的价值观念和审美追求。对这些作品进行赏析，学生能够跳出自身的认知局限，培养包容、开放的心智品质。在艺术创作实践中，学生需要将个人情感体验与对外部世界的观察感悟相结合，用艺术的方式表达自己的思想认识。这一过程有助于学生形成敏锐的洞察力和独特的个人见解，为其创造力的发展提供源源不断的养分。

从心理学的角度来看，艺术欣赏与创作还能够促进学生人格的健康发展。通过艺术形式表达内心世界，学生能够宣泄负面情绪，缓解心理压力，获得情感的净化和升华。同时，艺术创作过程中对美的追求和精神境界的提升，也能够帮助学生树立积极向上的价值观，塑造高尚的人格品质。可以说，艺术欣赏与创作在促进学生身心健康、提升其精神生活质量方面具有独特的教育价值。

在高等教育教学中，必须高度重视艺术审美素质教育，通过丰富多彩的艺术欣赏与创作活动，全面提升学生的创新意识和实践能力，为其终身发展奠定坚实的基础。只有将艺术融入人才培养的全过程，激活每一个学生心中的创造潜能，才能真正实现以美育人、以美化人的教育理想，培养具有家国情怀、国际视野和创新思维的时代新人。

（三）提升修养

艺术是人类文明的结晶，蕴含着丰富的人文内涵和审美价值。通过欣赏和学习艺术，学生能够感受到不同时代、不同地域的文化精神，拓宽人文视野，提升文化品位。同时，艺术作品以其独特的艺术语言和表现形式，展现了艺术家对美的理解和追求。学生在欣赏艺术的过程中，能够潜移默化地受到美的熏陶，逐渐形成良好的审美情趣和鉴赏能力。

具体而言，美术、音乐、舞蹈等艺术形式都能够帮助学生提升人文素养和审美品位。美术鉴赏能够培养学生的观察力、想象力和创造力，使其学会用审美的眼光认识世界、欣赏美好事物。例如，世界名画所展现的不同时期、不同流派的艺术风格和文化特征，能够丰富学生的人文知识，拓宽其艺术视野。音乐欣赏则可以陶冶学生的情操，提升其文化品位。优美的旋律、和谐的音色能够触动人心，引发情感共鸣，使学生在潜移默化中感受艺术的魅力，提高音乐素养。舞蹈艺术融合了音乐、美术、戏剧等多种艺术元素，通过优美的舞姿、动人的表情展现艺术之美。欣赏不同风格、不同流派的舞蹈，能够增强学生对多元文化的理解和包容，培养其跨文化交流能力。

参与艺术实践也是提升人文素养和审美品位的重要途径。绘画、演奏乐器、舞蹈表演等艺术活动，不仅能够锻炼学生的动手能力和表现力，还能培养其专注、耐心、合作等优秀品质。在艺术创作和表演的过程中，学生需要投入大量时间和精力，付出艰苦努力，最终呈现出美的艺术形式。这一过程能够让学生深刻体会艺术创作的不易，懂得欣赏和尊重每一件艺术作品所凝结的心血，从而树立正确的审美观念和价值取向。

艺术教育不应局限于少数有特长的学生，而应面向全体学生开展。学校可以通过开设艺术鉴赏课程、组织艺术社团活动、举办校园艺术节等多种形式，为学生提供接触和学习艺术的机会。在艺术欣赏和实践的过程中，教师应注重引导学生体验艺术之美、感悟艺术内涵，而不是简单地传授艺术技巧。只有让学生真正爱上艺术，才能使其终身受益，成为具有深厚人文底蕴和高雅审美情趣的人。

二、艺术审美素质教育的主要内容与形式

（一）美术鉴赏与创作

美术鉴赏与创作在高等教育中的开展，不仅能提升学生的审美能力和艺术

修养，还能激发其创新意识和想象力。通过对优秀美术作品的深入赏析，学生能够领悟艺术大师的创作思路和表现技法，感受艺术的魅力和内涵。同时，在创作实践中，学生能够运用所学知识和技能，抒发情感，表达自我，实现艺术构思的自由创造。这一过程不仅能够提高学生的动手能力，还能培养其独立思考、勇于创新的品格和精神。

美术鉴赏要求学生运用美学原理和艺术规律，分析和评价美术作品的内容、形式、风格等。在鉴赏过程中，学生需要深入了解作品的创作背景、艺术家的创作理念，体会作品所蕴含的情感和思想。这不仅能拓宽学生的艺术视野，提升其艺术鉴赏力，更能帮助其建立正确的审美观念和价值取向。教师在引导学生进行美术鉴赏时，应注重培养其敏锐的洞察力、严谨的逻辑思维和独到的见解，鼓励其从不同角度、不同层面解读作品，形成自己的理解和判断。

美术创作则是美术鉴赏的延伸和提升，它要求学生在掌握一定美术理论和技能的基础上，创造性地表现自己的情感体验。在创作实践中，学生需要综合运用构图、色彩、造型等多方面知识，将内在情感和想象力物化为具体的艺术形象。这一过程不仅能锻炼学生的动手能力和表现技巧，还能培养其敏锐的观察力、丰富的想象力和独特的创造力。教师在指导学生进行美术创作时，应鼓励其大胆尝试，勇于突破，追求个性化表达，同时引导其关注现实生活，在继承传统的基础上推陈出新。

美术鉴赏与创作的有机结合，能够形成良性互动，相得益彰。一方面，鉴赏优秀美术作品能够启发学生的创作灵感，拓宽其表现思路，提供有益的借鉴和参考。另一方面，创作实践能够深化学生对美术理论的理解和运用，提升其鉴赏水平和审美能力。因此，在美术教育教学中，教师应注重鉴赏与创作的交叉渗透，引导学生在两者之间建立联系，实现知识的内化和能力的提升。

在美术教育教学中，教师应立足学生特点，创新教学模式，丰富教学内容和形式，激发学生的兴趣和潜能，引导其在美术鉴赏与创作的过程中收获知识、锻炼能力、陶冶情操，最终实现自我的升华和超越。

（二）音乐欣赏与演奏

聆听经典名曲，学生能够感受音乐的魅力，领略其中蕴含的丰富情感和深刻内涵。优美的旋律、和谐的音色、动人的节奏，无不让人心驰神往，陶冶情操。亲自演奏乐器则能够使学生更加直观、深入地理解音乐的内在规律，体验创作和表演的乐趣。在演奏过程中，学生需要调动听觉、触觉、视觉等多种感官，协调手、眼、脑等多个器官，这对于培养其专注力、协调性和敏锐的音乐感知力都具有重要意义。

音乐欣赏与演奏不仅能够提升学生的艺术修养，还能够陶冶其高尚情操。在聆听和演奏经典名曲的过程中，学生能够感受到音乐家创作时的情感世界，领会其中蕴含的人文精神和价值追求。优秀的音乐作品往往承载着丰富的历史文化内涵，反映了不同时代、不同民族的精神风貌。通过对这些作品的欣赏和演绎，学生能够加深对不同文化的理解，开阔艺术视野，提升人文素养。同时，在音乐演奏中，学生需要投入大量时间和精力进行练习，这种坚持不懈、精益求精的态度，对于培养其刻苦钻研、追求卓越的品格具有潜移默化的作用。

高校应充分重视音乐欣赏与演奏在艺术审美教育中的独特价值，采取多种措施促进其教学实践。一方面，学校可以开设音乐鉴赏类选修课，邀请专业教师进行系统讲解和示范演奏，引导学生深入感悟音乐魅力。另一方面，学校应大力支持学生艺术团体、社团的发展，为学生提供展示才华、交流切磋的平台。定期举办校园音乐会、器乐比赛等活动，能够调动学生参与音乐实践的积极性。此外，学校还可以与专业音乐院校开展合作，为有专业志向的学生提供更高层次的学习机会，帮助其进一步提升音乐素养。

音乐欣赏与演奏不仅能够陶冶学生情操，提升艺术修养，还能够帮助学生领悟人文精神，塑造高尚品格。只有将音乐欣赏与演奏纳入学校教育的整体规划，并在教学实践中不断创新方式方法、完善配套措施，才能真正发挥其独特的教育功能，为学生的全面发展奠定坚实的基础。高校应以高度的文化自觉和使命担当，努力营造良好的校园音乐环境，促进高雅艺术在大学生中的普及和传播，为提升国民艺术素养、建设社会主义文化强国作出贡献。

（三）舞蹈表演与创编

通过舞蹈赏析与舞台表演等方式，学生不仅能够欣赏舞蹈艺术的魅力，感受其中蕴含的丰富情感，还能在亲身实践中提升自身的舞蹈修养和艺术涵养。

优秀的舞蹈作品凝结了编导的艺术构思和舞者的情感表达，蕴含着丰富的美学内涵。通过欣赏不同流派、不同风格的舞蹈作品，学生能够领略舞蹈艺术的多样性和包容性，理解舞蹈动作背后的文化内涵和情感寄托。同时，在剖析编导意图、音乐节奏、舞台布景等舞蹈要素的过程中，学生的艺术感知力、审美判断力也能得到锻炼和提升。

舞台表演为学生提供了将理论知识转化为实践能力的宝贵机会。独舞、双人舞及群舞，都需要学生在肢体协调、节奏把握、情感表达等方面进行精心设计和不懈训练。在排练过程中，学生需要深入理解舞蹈主题，揣摩人物性格，通过肢体语言准确传达情感。这不仅考验学生的舞蹈技巧，更考验其艺术表现力和创造力。同时，合作完成一台舞蹈演出，还需要学生发挥团队精神，学会沟通协调、互帮互助，提升了其综合素质。

创编舞蹈是提升学生舞蹈修养的有效方式。在创编过程中，学生需要确定主题，设计动作，选择音乐，统筹舞台效果，将自己的艺术构思付诸实践。这一过程不仅能激发学生的创造潜能，锻炼其编导能力，还能使其深刻体会舞蹈创作的艰辛和舞台呈现的不易，从而更加珍惜舞台机会，在练习和表演中倾注更多的热情和努力。

舞蹈教育不应局限于技巧训练，更应注重学生舞蹈素养的提升。教师应引导学生在欣赏和实践中感悟舞蹈的内在精神，理解舞蹈与音乐、美术等其他艺术形式的内在联系，体会舞蹈蕴含的人文内涵。同时，还应帮助学生建立正确的审美观，引导其用辩证的眼光看待不同流派的舞蹈作品，在继承传统的基础上勇于创新，以开放包容的心态欣赏多元的舞蹈文化。

三、艺术审美素质教育的实施途径

（一）融入专业教学

将艺术元素有机融入各专业教学之中，不仅能够帮助学生深化对本专业知识的理解和掌握，还能激发其创新思维，培养高尚情操和审美品位。

在专业教学中渗透艺术元素，需要根据不同专业的特点和需求，精心设计融合艺术的教学内容。教师可以通过鉴赏名作、现场体验等方式，引导学生领悟艺术魅力，感受艺术家的创作历程。同时，教师还应注重将艺术与专业知识巧妙结合，设计出富有美感和创意的教学活动。例如，在建筑学专业教学中，教师可以引导学生欣赏中外著名建筑，分析其造型、比例、色彩等艺术元素的运用，启发学生在未来设计中追求功能与美感的完美结合；在工业设计专业教学中，教师可以组织学生开展创意设计大赛，鼓励其大胆创新，将艺术思维与专业技能充分融合，设计出兼具实用性和审美性的优秀作品。

将艺术元素融入专业教学，需要创新教学方法，营造良好的艺术氛围。传统的填鸭式、灌输式教学模式难以调动学生的艺术兴趣，培养其审美能力。教师应转变教学理念，采用启发式、探究式、体验式等教学方法，引导学生主动参与、动手实践、感悟体验。例如，教师可以充分利用多媒体技术，通过视频、音频等生动形象的方式呈现艺术作品，提高教学直观性和吸引力；教师可以开展艺术沙龙、艺术节等校园文化活动，为学生搭建艺术交流平台，营造浓厚的艺术氛围，潜移默化地影响学生审美情趣和艺术修养。

将艺术融入专业教学，还需要加强师资队伍建设，提升教师的艺术素养。专业课教师往往缺乏系统的艺术训练，对艺术教育的认识不足。高校应积极开展教师艺术培训，提高其艺术理论素养和实践能力。学校还可以聘请艺术家、设计师等担任兼职教师，为学生传授艺术创作经验，拓宽其艺术视野。只有教师具备较高的艺术修养，才能更好地引导学生感受艺术之美，领悟艺术真谛。

将艺术元素融入专业教学，是一项系统工程，需要学校、教师、学生多方共同努力。通过科学设计教学内容、创新教学方法、营造艺术氛围、加强师资建设等举措，定能充分发挥艺术教育的独特功能，提升学生的艺术素养和创新能力，为其全面发展奠定坚实的基础。艺术教育不是专业教育的附庸，而是高等教育的重要内容。只有将艺术元素有机融入各专业教学之中，才能真正实现全人教育的目标，培养德智体美劳全面发展的高素质人才。

（二）开设艺术选修课

面向全校学生开设音乐、美术等公共选修课，不仅能够满足学生个性化、多样化的艺术学习需求，而且有利于营造良好的校园艺术氛围，提升学生的艺术素养。

音乐选修课为学生提供了系统学习音乐理论知识、掌握音乐技能的机会。学生可以根据自己的兴趣爱好，选择声乐、器乐、音乐理论等不同类型的课程。在学习过程中，学生不仅能够掌握扎实的乐理知识和演奏技巧，还能提高音乐鉴赏能力，陶冶情操。同时，合唱、合奏等集体性音乐活动有助于培养学生的团队意识和协作精神。

美术选修课则侧重于培养学生的造型能力、色彩感知力和审美情趣。通过素描、色彩、油画等多种形式的实践训练，学生能够掌握基本的美术技法，提高动手能力。美术史、艺术概论等理论课程则帮助学生了解中外美术发展脉络，拓宽其艺术视野。参观展览、写生写意等课外教学环节，进一步激发了学生的创作灵感。

高校还可以开设戏剧、舞蹈、书法、摄影等多种类型的艺术选修课，满足学生的多元需求。这些课程不只传授专业的艺术知识和技能，更重要的是培养学生良好的艺术修养和人文精神。学生在艺术实践中得以释放情感，陶冶性情，感悟人生，从而实现全面发展。

高校在开设艺术选修课的过程中，应根据办学特色和学生需求，合理配置教学资源。一方面，学校要配备专业的师资力量，聘请有丰富教学经验、较高艺术造诣的教师授课。另一方面，学校要完善教学设施，建立功能齐全的音乐教室、美术工作室等专业场地。此外，通过与专业艺术院校、文化单位合作，邀请知名艺术家讲学，也能极大地丰富艺术选修课的内容和形式。

（三）举办艺术实践活动

艺术社团、艺术节等校园文化活动不仅能够丰富校园文化生活，还能为学生提供展示艺术才华、交流艺术心得的平台，在潜移默化中培养其艺术修养和审美情趣。

学生通过参与合唱团、舞蹈社、书画社等艺术社团，在专业教师的指导下学习艺术技能，提升艺术素养。在排练和演出的过程中，学生需要投入大量时间和精力，付出努力，这种严谨踏实的学习态度对其品格塑造具有重要意义。同时，社团成员之间的协作配合、默契呼应，也有助于培养学生的团队意识和协作能力。优秀的社团作品不仅能够陶冶情操、启迪心智，还能成为校园文化的亮丽名片，为学校赢得荣誉。

艺术节通过开展形式多样的艺术活动，如美术作品展、音乐会、舞蹈比赛等，营造浓郁的校园艺术氛围。艺术节不仅为学生提供了一个展示才华的舞台，更是不同院系、不同专业学生交流的平台。通过欣赏他人的艺术作品，学生能够开阔眼界、激发灵感，在比较中找到差距，在交流中取长补短。优秀的节目展演能够带给师生美的愉悦和心灵震撼，引发其对艺术和人生的深层思考。艺术节的开展，不只能够提升学生的艺术素养，更能增强学校的文化软实力。

高校还可以充分利用现代信息技术手段，创新艺术实践活动的形式和内容。例如，开设艺术鉴赏线上课程，邀请国内外知名艺术家开展网络讲座，利用虚拟现实技术开发沉浸式艺术体验项目等。这些做法能够突破时空限制，拓宽学生的艺术视野，提供更加丰富多元的艺术熏陶。

艺术实践活动还应面向社会、服务大众。鼓励学生走出校园，开展社区音乐会、美术义卖、公益演出等活动，用艺术的方式传递温暖和正能量。在服务社会的过程中，学生不仅能够增强社会责任感，还能深化对艺术内涵的理解，提升人文情怀。这种“内外兼修”的艺术实践，是落实立德树人根本任务的有效途径。

四、艺术审美素质教育的创新与实践

（一）拓展艺术教育内容

随着高等教育教学改革的不断深入，艺术审美素质教育的内容和形式呈现出多样化的发展趋势。在传统美术、音乐、舞蹈等艺术门类的基础上，电影、戏剧、书法等多样化的艺术形式逐渐被纳入高校艺术教育的范畴。这种内容的拓展有助于丰富艺术教育的内涵，满足当代大学生日益增长的审美需求，培养其全面发展的人文素养。

将电影艺术引入高校艺术教育，能够充分发挥电影独特的艺术魅力和教育功能。电影以其生动形象的视听语言、引人入胜的故事情节、丰富多彩的人物形象，吸引和感染着当代大学生。通过精心设计的电影赏析课程，引导学生分析电影的艺术特色、思想内涵、文化背景，能够拓宽其艺术视野，提升其人文修养。同时，优秀的电影作品蕴含着深刻的人生哲理和价值观念，对于塑造大学生正确的世界观、人生观具有重要意义。

通过戏剧赏析和表演实践，学生能够深入理解戏剧的艺术语言和表现形式，感悟其深刻的思想内涵。参与戏剧表演是锻炼学生口语表达、肢体语言、情感控制等综合能力的有效途径。在排练和演出过程中，学生需要与他人密切配合，增强团队意识。同时，戏剧表演也是学生展现个性、陶冶情操的舞台，有助于其树立自信、塑造健全人格。

书法艺术虽然是传统艺术形式，但其蕴含的人文精神和美学价值对当代大学生的成长具有独特意义。通过书法鉴赏和创作实践，学生能够领略中华文化的博大精深，感受书法艺术的无穷魅力。在学习和临摹过程中，学生能够培养严谨细致的观察力、专注投入的意志力，领悟书法创作中蕴含的中华美德。同时，优秀的书法作品就像一剂净化心灵的良药，能够陶冶学生情操，滋养心田。

（二）创新艺术教学方式

随着信息技术的迅猛发展，网络平台、虚拟现实等新兴技术手段为艺术教学注入了新的活力。这些技术的运用不仅拓宽了艺术教学的时空边界，而且为学生提供了身临其境的学习体验，激发了他们的艺术兴趣和创造潜能。

网络平台打破了传统课堂的地域限制，使优质的艺术教育资源得以共享。学生可以通过网络平台访问世界各地的艺术馆、博物馆，欣赏名家大师的作品，聆听艺术家的创作心得。同时，网络平台还为学生提供了展示自我、交流互动的机会。他们可以在平台上分享自己的艺术作品，与同伴、老师甚至专业艺术家交流切磋，在互动中得到启发和成长。这种跨越时空的交流模式，极大地拓宽了学生的艺术视野，丰富了他们的审美体验。

虚拟现实技术的运用则让学生置身于逼真的艺术场景中，获得身临其境的感受。借助虚拟现实设备，学生可以“走进”名画，探索艺术家的创作意图；可以“参与”历史上的重大艺术事件，体验不同时代的艺术风貌；还可以在虚拟环境中自由创作，尝试各种艺术形式和技法。这种沉浸式的学习方式打破了现实的界限，激发了学生的想象力和创造力，使艺术学习变得更加生动有趣。

人工智能、大数据等前沿技术在艺术教学中的应用也初见成效。人工智能可以对学生的艺术作品进行智能评析，给出个性化的指导建议；大数据分析则可以精准把握学生的学习特点和发展需求，为教师提供科学的教学决策依据。这些技术的运用有助于实现因材施教，促进学生艺术素养的全面提升。

（三）深化校企合作

高校应积极与文化企业、艺术院校建立长期、稳定的合作关系，为学生提供实习实践的机会。这种合作模式不仅能够拓宽艺术教育的渠道，丰富教学资源，而且能够让学生在真实的艺术创作环境中锻炼能力，提升素养。

高校可以与文化企业合作，开展艺术项目合作。学生可以参与企业的艺术创意、设计、制作等环节，在实践中学习艺术创作的流程和方法。这种项目制的合作模式，能够让学生将课堂所学与实践紧密结合，加深对艺术原理的理解，提高动手操作能力。同时，在项目合作过程中，学生能够接触行业前沿，了解市场需求，培养艺术创新意识和就业竞争力。

高校可以与艺术院校开展师资交流与学生交流。通过互派优秀教师授课、举办师资培训等形式，双方可以共享教学资源，交流教学经验，促进教学水平的提升。学生交流则为高校学生提供了向艺术专业学生学习的机会，他们可以通过联合创作、切磋技艺等方式，相互启发，共同进步。这种跨校交流不仅能够开阔学生的眼界，激发学习热情，还能培养其包容、协作的品格。

高校还应鼓励和支持学生到文化企业、艺术机构进行实习实践。学校可以与合作单位共同制订实习计划，提供实习指导，确保实习过程的安全和实效。在实习过程中，学生能够将所学知识运用到实际工作中，提高实践能力。同时，他们也能深入了解行业现状，职业要求，为未来发展做好准备。这种实践历练不仅能够巩固学生的专业素养，还能锻造其职业品格，奠定职业发展的基础。

参考文献

[1] 皇甫菁菁. 高校教学理论研究与实践 [M]. 长春：吉林出版集团股份有限公司，2022.

[2] 乔畅鸿，卢凤华，许静. 高等教育的理论和方法研究 [M]. 长春：吉林出版集团股份有限公司，2022.

[3] 毕剑. 在创新中发展：高等教育教学改革探索与实践 [M]. 成都：四川大学出版社，2021.

[4] 张朝敏. 高等教育管理与教学实践研究 [M]. 长春：吉林美术出版社，2020.

[5] 李喆. 地方高校创新创业教育研究 [M]. 济南：山东人民出版社，2020.

[6] 周冠怡彤，蒋笑阳，刘洋. 高校创新创业教育改革与探索 [M]. 北京：九州出版社，2022.

[7] 邝邦洪. 高等教育的实践与探索 [M]. 广州：广东高等教育出版社，2020.

[8] 王迎. 高等教育管理与教学创新研究 [M]. 哈尔滨：黑龙江科学技术出版社，2023.

[9] 张宗蓝，赵健. 高等教育中现代教育技术的应用研究与改革 [M]. 北京：中国书籍出版社，2022.

[10] 李仁涵. 智能时代高等教育模式研究 [M]. 上海：上海大学出版社，2019.

[11] 王月英，马浩然. 新时期高校学生教育探究 [M]. 长春：吉林大学出版社，2023.

[12] 王珲. 大学生心理健康教育 [M]. 北京：北京理工大学出版社，2022.

[13] 刘晓宇，全莉娟. 大学生心理健康教育 [M]. 北京：新华出版社，2021.

[14] 王文科. 大学生生命与心理健康教育 [M]. 北京：北京理工大学出版社，2020.

[15] 单瑜娜，张磊，许睿博. 大学体育与健康 [M]. 大连：大连理工大学出版社，2022.